努《ど》力《りょく》夢《む》元《げん》

駆け抜けた疾風

元・富士通 レッドウェーブ
篠崎 澪 著

ベースボール・マガジン社

努力夢元

努力は夢の元——。

私のバスケット人生の中で
大きな影響を与えてくれた星澤純一先生が、
とても大切にしている言葉です。

はじめに

２０２２年4月17日、私はバスケットボール選手としての現役生活にピリオドを打ちました。

私にとってWリーグのラストシーズン（２０２１‐22シーズン）は、ファイナルまで進み、敗れはしたものの準優勝という成績で終えることができました。

富士通レッドウェーブ（富士通）にとっても、私自身にとっても6シーズンぶりのファイナル。特に会場となった国立代々木競技場第一体育館は、Wリーグ史上最多となる７１５１人の観客のとなり、数多くの方に私がプレーする姿を見ていただくことができました。

私は、富士通入団一年目と二年目にファイナルに進んだ経験があり、ファイナルは3回目でした。結局、いずれも優勝には届かず悔しい思いはありますが、あの華やかな舞台で最後を締めくくることができたことは、選手冥利につきると思っています。

それから約4か月後、私は生活の拠点を青森県八戸市に移しました。

所属していた富士通の本拠地である神奈川県川崎市、また私の育った神奈川県横浜市は人も多くにぎやかな街です。その喧騒とは打って変わって、八戸市はとても静かで穏やかなところです。

スーパーマーケットで買い物をしていると、お婆さんが「りんごはこれが美味しいよ」と教えてくれたり、散歩をしていると行き交う人が挨拶をしてくれたり、人々の温かさを身近に感じながら、これまでとは違った日々を過ごしています。

ファイナルから二週間後に引退を発表しましたが、SNSを通してたくさんのコメントをいただき、とてもうれしく思っていますし、すべてに目を通させてもらっています。今でも私のことを気にかけてくれているファンの方たちのコメントを見ると、胸が熱くなります。そういった方たちへの現状報告がなかなかできないまま、約一年が過ぎてしまいました。

なぜ私が八戸市に住んでいるのか疑問に思う人もいるかもしれません。2022年2月、シーズンの終盤に私は結婚しました。相手は八戸市に拠点を置くサッカーチームでプレーしている方です。そのため、引退後しばらくして、彼の活動拠点である八戸市に行くことになったのです。また、2023年4月7日には、元気な女の子が生まれました。

現役時代は、富士通の一員として、そしてありがたいことに日本代表にも選んでいただき、一年を通して忙しい毎日を送っていました。環境も変わり、ゆっくりとした時間を過ごしている今だからこそ、私のこれまでのバスケットボール人生を振り返ってみたいと思ったのです。

小学校一年生からバスケットボールを始め、夢に描いていたWリーグで8シーズンもの間プレーすることができ、そして最後は東京オリンピックへの出場も果たしました。

私はいたって普通の女の子でしたし、特筆する何かがあったわけではありません。ただ、常に胸に抱いていたのは、「人より努力をしないといけない」ということです。その思いが少しでもバスケットボールのキャリアの中でプラスに作用したのなら、私のバスケットボール人生から、人に伝えられるものがあるのかもしれないと思います。

私がバスケットボール人生を振り返ることで、ミニバスケットボールや中高校生の選手をはじめ、何かに打ち込んでいる人たちを後押しできるのではないか。もし、自らの目標に向かう人々が、私の半生を読んで、頑張るキッカケを少しでもつかんでくれたとしたなら、本当にうれしい限りです。

ASAHI
8
SHOIN
5
JAPAN
11
FUJITSU
11

第2章

人間性を高め、大きく成長した高校時代

第5章 感謝してもしきれない、私を支えてくれた人たち

※本書内の関係者・選手の所属先は2023年４月30日現在。

第1章

バスケットボール人生のスタート

Let's go!!
North
全員

二人の姉の影響でバスケットボールの世界へ

「私もバスケットをやる！」

そう母に言ったのは、小学一年生の冬のことでした。

１９９１年9月12日、私は篠崎家の三女として神奈川県川崎市で生まれました。生後6か月で横浜市に引っ越し、それ以降はずっと横浜で育ちました。

家族構成は、父と母、そして二人の姉の５人家族です。父と母はともに高校の体育教師で、そのためか家族全員が体を動かすことやスポーツが好きでした。

４つ年上の長女・綾は小学４年生のときに、そして二つ上の次女・睦は二年生のときにミニバスケットボール（以下、ミニバス）を始めました。二人の姉は同じチームで活動し、小さかった私もミニバスの練習や試合があるときには、両親や祖父母に連れられてよく体育館に行ったものです。

しかし、姉のやっているバスケットボールにすぐに興味を持ったかといえばそうではありません。例えば、姉たちが学校の体育館で練習試合をしているときは、小さかった私は外に出て、校庭にある遊具などで遊んでいました。ときには祖父につき添ってもらいながら、バスケットボールには見向きもせずに時間を過ごしていました。

そんな私が、突然、バスケットボールをやりたいと母に宣言したそうです。何でも、その少し前に姉が出ていた試合を珍しく真剣に見ていたとのこと。その試合は下級生が対象の試合だったため、次女の睦がたくさん出場していました。

私自身、椅子に座って姉の試合を見たという残像だけはあるのですが、細かい記憶はほとんどなく、このときに何を思ったのかまでは覚えていません。おそらく、姉の楽しそうな姿を見て、私もやりたいと思ったのでしょう。

このようなキッカケで小学一年生から、私はバスケットボールを始めました。

このとき、私自身はもちろんのこと家族のだれもが、私が30歳を過ぎても第一線でプレーする選手になるとは想像すらしなかったでしょう。

何でもトライしたミニバス時代

小学一年生の冬、いよいよ私は二人の姉が在籍していた若葉台北小ミニバスケットボールクラブ（現在は他チームと合併して若葉台ミニバスケットボールクラブ）に入団します。ただ、入団当時は部員が多かったため、下級生はコートの端で基本練習ばかりの日々でした。たまに、コートが空いた少しの時間を利用してシュートを打つことができましたが、私はそれがつまらなくて、3年生ぐらいまでは練習に行ったり行かなかったりしていました。それでも学年が上がるにつれて練習にも熱が入り、力がついて時々試合にも出してもらえるようになり、バス

二人の姉の影響でバスケットボールに出合った著者。以来、20年以上に渡り、第一線でプレーを続けた（左から著者、長女・綾、次女・睦）

ケットボールが楽しくなっていきました。

お手本となる選手が身近にいるというのは良いもので、この頃は姉たちのプレーを参考にしていました。姉がどんなときにどういった動きをしているのかを、練習や試合を見ながら学ぶことができたのです。

6年生のときの身長は155センチ。特別大きくはありませんでしたが小さくもなかったので、ポジションに関係なく、やりたいようにプレーしていました。ボールを持ったら、誰かにパスをすることなくそのままリングまで行ってしまうような選手でした。おそらく、ボールを離したくなかったのだと思います。

チームは全国大会出場を目指していましたが、私個人はチームが勝つことと同時に自身のパフォーマンスにも重きを置いていました。パフォーマンスというよりは、分かりやすくは活躍具合といえるものです。例えば、何点取ることができたかということを常に気にしていました。

得意だった得点パターンはドリブルからのレイアップシュート。とにかく突っ込んでいくプレーが多く、ダブルクラッチなどの少しナルシスト系のプレーも好きでした。

ミニバス時代、篠崎家には、試合中にバックビハインドパスなどの技をやるとご褒美がもらえるというルールがありました。大人になってからは、そんなトリッキーな技を意識的にやったことはほとんどありませんが、小学生の頃は試合で挑戦して、成功したときは「今日、バックビハインドやったよー」と言って、たくさんご褒美をもらっていました。両親はそうやって子どもたちのやる気を引き出してくれていたのかもしれません。

ミニバスチームの練習は週4日ほど。コーチは数人いました。平日は会社員として働いていて土日だけ教えに来てくれる方や、逆に平日だけ教えてくれる方など様々でした。チーム全体としては、何でも自由に、制限なくプレーをさせてくれる雰囲気があり、そのおかげでいろいろなプレーに挑戦することができました。そこで失敗をしたら、「何で失敗したと思う?」「今の動きはこうなっていたよね」というような問いかけをしてくれるコーチたちでした。ですから失敗はたくさんしましたが、その失敗があったからこそ「次はああしてみよう、こうしてみよう」と考えたり、どういう動きならうまくいくのかという理解につながったのだと思います。「あれはダメ、これはダメ」と言われるのではなく、プレーで締めつけられることもなかったから伸び伸びとバスケットボールができたし、自分で考える力がついたのだと思います。

もちろん、3年生の頃までは面白くないと思っていた基礎、基本の動きをミニバス時代にしっかりと教わったことも将来につながったと思っています。

また、私の通っていた横浜市立若葉台北小学校（神奈川県）には、小学校では珍しく中庭に、クッション性のあるゴム素材でつくられた立派なバスケットボールコートが二面ありました。小学生向けにしては随分と立派なコートだったなと思います。そこでもミニバスの練習とは別に、チームの先輩や同級生たちとバスケットボールをして遊びました。あらゆることにおいて、バスケットボールに夢中になるのに恵まれた環境でした。

負けず嫌いの次女は、最大のライバル

母が言うには、当時の私はいつでも二人の姉の後ろにくっついて、そのまねをしていたそうです。彼女たちが家でハンドリング練習をしていたら一緒になってやりました。二人の姉はできないことがあるとできるまで頑張る性格で、私も同じことをやりながら、バスケットボールのスキルを身につけていきました。

ある年、ミニバスのコーチが練習にラダートレーニングを取り入れたことがあ

りましたが、今までやったことがない小学生はすぐに対応できません。私も姉たちもラダー練習はうまくできませんでした。それが悔しかったのか、何とその年のクリスマスプレゼントに、3人で両親にラダーをお願いしたのです。私たちはマンションに住んでいたため、エレベーターホールなど広く空いている場所に買ってもらったラダーを置いて練習しました。小学生の女の子がねだるようなプレゼントではないのですが、バスケットボールに夢中になっていた私たち姉妹をよく表したエピソードだと思います。

ミニバス時代の成績は、在籍していた6年間の中では4年生のときが一番良い成績で、県大会でベスト8まで勝ち上がりました。このとき、最上級生でチームのエースだったのが次女の睦。私たちの地域では、〝スーパースター〟といわれていたほどうまかったのです。

次女の睦はとても努力家です。先ほども触れたように、できないことがあると、できるようになるまで練習を重ねるタイプでした。歳が二つしか変わらないこともあり、よく喧嘩もしましたが、睦は私にとって身近な目標でもありました。私はすべてにおいて睦と同じことをやっていました。そのため、自然と〝結果を出すために練習をする〟という習慣が身につきました。

例えば小学校のマラソン大会のとき、一位になりたい気持ちはあっても、一年生ではそれに向けた練習をするまでにはいたりません。しかし、私の場合は姉がマラソン大会に向けて練習をしていたから、同じように一緒に走りにいき、姉のまねをして走るコースを確認したり、タイムを測ったりしていました。結果、一年生のときは男女混合で一位となりました。その後、学年が上がり、体格や体力で上回る男の子に負けることはあっても、女の子にはほとんど負けたことがありません。

そうやって姉の姿を見てきたためか、練習を重ねることが私の中で当たり前になりました。無意識のうちに、上達するまで自主練習をするようになっていったのです。

そんな私を見て、周りの人は「努力家だ」と言ってくれるのですが、私にとってはあたりまえのことで、それを努力だと感じたことはありません。家でも姉と一緒に練習をすることが私の中でのスタンダードになっていましたから、大変だとは思いませんでした。

次女の睦は、努力家であり、同時に負けず嫌いでもありました。どちらかといえば、負けず嫌いの性格だったからこそ、〝できるまで頑張る〟という気持ちが努力につながったのかもしれません。

そして私も、やはり超がつくほどの負けず嫌いです。長女の綾も同様で、血は争えません。

特に睦は、スポーツが万能だっただけでなく、勉強でも一番にならないと気が済まない性格だったため、成績も優秀でした。残念ながら、私は勉強のほうには負けず嫌いの性格が向かなかったようです。とにかく運動だけは絶対に負けたくないと思っていました。

睦は本当にバスケットボールがうまかったので、勝負しても勝てないことは分かっていました。それでも、負けず嫌いの私はこう思っていました。

「6年生の睦に4年生の私はバスケットボールで勝つことはできない。だけど、私が6年生になったときに、6年生の睦と比較して、睦より上にいたい」

姉がすごい選手だと、敵わないからとあきらめてしまうこともあると思いますが、私は負けたくない思いを内に沸々と煮えたぎらせていました（笑）。

また当時は、人から姉を基準として語られることが嫌でした。例えば「（睦の）妹も4年生にしてはうまいね」とか、「篠崎睦の妹」と言われることが本当に嫌だったのです。ですから、『篠崎澪』という名前を認知されたいという思いが強くなり、反骨精神が芽生えたのかもしれません。

「夢はケーキ屋さん」からWリーグへ

小学5年生のときでした。私は夢の元となったある選手と運命的な出会いをします。それは当時、Wリーグのデンソーアイリスに所属していた小畑亜章子《おばたあきこ》さん（現・三遠ネオフェニックスアカデミー本部部長）で、私が所属していたミニバスチームの卒団生でした。

小畑さんは名門の神奈川県立富岡高校（現・金沢総合高校）で、二年生のときに全国優勝を経験しています。当時、高校バスケ界を代表する選手で、高校卒業後はデンソーに入団し、現役時代はWリーグで活躍するとともに、日本代表にも名を連ねたポイントガードでした。

若葉台北小クラブ時代。この時期はどんなことにもチャレンジし、
自分で考える力を身につけた（前列左から4人目が著者）

小畑さんの実家は私の家から歩いて数分という近さでした。近所に偉大なＯＧがいるとは聞いていましたが、小学生ではまだピンとこないものです。ですから、「そんなすごい人がいるんだ」と、漠然と感じていたぐらいでした。

私が５年生のとき、若葉台北小クラブの20周年記念イベントで、その小畑さんがチームが練習する体育館に来てくださり、クリニックをしてくれました。

当時、小畑さんはデンソーの選手としてＷリーグで活躍中でしたから、子どもながらに小畑さんの放つオーラを感じたのでしょう。私の中で何かが動きました。小畑さんの姿を見て、「本当にうまくなりたい」「Ｗリーグの選手になりたい」と、一気に目覚めたのです。また、そのクリニックで私を見て、うれしいことに小畑さんも「あの子、上手だね」と言ってくれていたようなんです。

それから、小畑さんに誘っていただいて、チームの仲間や姉と一緒に、時折Ｗリーグの試合を見に行きました。当然ですが、Ｗリーグの会場の雰囲気はミニバスにはないものでした。見る選手全員がうまいので、まねをしようという気持ちを通り越して、「すごい！」と思って目を輝かせていました。その後、日本代表の試合も見るようになり、ケーキ屋さんになることだった私の夢は、「Wリーグでプレーする。そしてオリンピックを目指す」へと、大きく変わりました。

それほど、小畑さんとの出会いは衝撃的でした。私が卒団したあとも、小畑さんは機会があれば定期的にミニバスチームを教えに来てくれていたようです。

将来への明確な目標ができた私は、姉のおかげで〝バスケットボールがうまくなるためには練習する〟という習慣ができていましたから、睦が卒業したあとも自主練習は継続するなど、それまでと同じように練習に取り組んでいました。一つ上の学年で仲の良い先輩との練習も、苦しいと思ったことはありません。始まりは、〝できないことをできるようにする〟ことが目的だった自主練習でしたが、6年生ぐらいになると、バスケットボールのプレーではできることのほうが多くなります。それでも自主練習は続けていたということは、単純に楽しかったのだと思います。

結局、6年生のときも県大会で敗れて全国大会には一度も行くことはできなかったのですが、基本を身につけることができたミニバスでの6年間は、私の土台ができた大事な時期となりました。

そして中学進学に際して、私はある決断をします。

強いチーム、良い指導者を求めて進路を選ぶ

ミニバスで横浜市の選抜チームに選ばれていた私は、自チームでは中心となってプレーしていたものの、選抜で選ばれた選手たちとの練習では、上には上がいると感じていました。同時に、選抜メンバーたちとの練習や試合は楽しく、とて

も充実したものでしたから、「こういう上手な子たちと一緒にプレーしたいな」と思うようになっていました。

そのような時期に、横浜市立旭中学校（神奈川県）の田原裕先生が良い指導者だということが私の耳にも届いていました。選抜メンバーの仲間たちとは、「みんなで同じチームでプレーしたいね」と意気投合していたので、親の理解も得て、みんなで旭中学に進むことに決めました。同じ横浜市内ではありましたが、電車とバスを乗り継いでの通学で、学区外の公立校に入学する、いわゆる越境入学です。一般的には、越境入学は推奨されておらず、田原先生も越境入学に消極的な考えだったようですが、そんなことを知るよしもない私たちは、とにかく強い学校で、良い指導者の指導を受けたいという思いだけでした。

どうしてそこまで強い学校にこだわったのかを今考えると、Wリーグでプレーするためには、自分自身が有名にならないといけない、強いチームに所属して成績を残さないといけないと、小学生なりに考えていたのだと思います。そして私たちは、「頑張れば全国大会に行けるかもしれない、いや全国大会に行って優勝だ」という野望を抱きながら旭中学へと入学しました。

田原先生は、赴任した中学校のバスケットボール部を強くすることで知られている指導者です。女子だけでなく、男子バスケットボール部の指導にもあたっていました。ちなみに、その旭中学男子バスケットボール部の卒業生には川崎ブレイブサンダースの篠山竜青選手がいます。私が中学生のとき、篠山選手は北陸高校（福井県）で活躍をされていて、「あの方も旭中学の先輩だよ」と教えてもらったことがありました。これもこぼれ話ですが、私が中学時代に鼻を折ったときに治療してもらったのは、篠山選手のお姉さんが勤めていた治療院でした。

社会人になって、篠山選手も私も川崎を拠点とするチームでプレーすることになるなんて、これも不思議な縁です。篠山選手は現在も川崎や日本のバスケットボール界を盛り上げているアスリートの一人です。中学の大先輩ですから、もちろん応援しています。

先生に諭された飴玉事件

田原先生は体育の先生で、練習のときはとにかく怖かったです。ミニバスのときは、コーチに怒られた経験がなく、中学で初めてその経験をしました。最初は「こんなふうに怒られるの⁉」と、驚いたことを覚えています。しかし、生徒のことを考えてくださる先生でしたから、練習での厳しさがあるものの、各選手との信頼関係はしっかりと構築されていました。

一度、そんな先生を裏切ってしまったことがあります。

それは、バスケットボールではなく学校生活でのことです。私は決して不真面目な生徒ではなかったのですが、思春期だったこともあり、私を含めたバスケットボール部の同級生数人が学校で、飴玉をなめていました。中学生の私たちは口を開けなければ分からないだろうと思っていたのでしょう。ところが、廊下ですれ違った先生が漂《ただよ》ってきた匂いで気づいたようで、それが田原先生へ伝わってしまったのです。

その状況を知らない私たちは、放課後いつもどおりに練習へと向かいました。そして体育館に足を踏み入れて、震撼《しんかん》しました。私たちの目に飛び込んできたのは、ホワイトボードに貼られていた紙です。そこにはこう書かれていました。

『ルールを守れない人は、コートに立つ資格はない』

飴玉をなめていた私たちは、もう背筋が凍るような思いでした。これは間違いなく私たちだと。急いで職員室へ行き、田原先生に謝りました。練習では厳しい先生ですから、絶対に雷が落ちる！　と思ったのですが、そのとき先生は、私たちが反省していることを感じたのか、怒鳴ることはせず、諭すように注意をしてくれました。

このことで、「学校生活や私生活をバスケットボールと切り離してはいけないんだ」と強く感じました。あのとき、バスケットボールがうまいだけの人間になってはいけないことを、先生に教えていただいたと思っています。

点取り屋の自覚が芽生えた中学時代

全国制覇を目指した旭中学では、一年生のときから試合に出ることができました。私はあまり過去の試合を覚えているほうではなく、すぐ忘れてしまうタイプの人間なので、一年生のときの記憶で覚えているのは、県大会で勝つことができなかったことぐらい。それでも、二年生では神奈川県の大会で勝ち、関東大会まで進むことができました。

中学の関東大会は、全国中学校大会(全中)の約二週間前に行われ、その予選も兼ねています。神奈川、東京、千葉、埼玉、群馬、栃木、山梨と、7都県の代表が集まって優勝を懸けて戦い、上位4チームが全中へ行くことができます。

しかし、二年生のときは一回戦で敗退。全中出場はなりませんでした。このとき、優勝したのは前年の全中でも日本一に輝いた東京成徳大学中学校(東京都)。3年生のエースは間宮佑圭さん(現姓・大﨑)で、のちに富士通レッドウェーブ(富士通)でチームメートとなるリー(篠原恵)とウィル(山本千夏)も二年生ながらスターターとして出場していました。間宮さんもリーもすでに身長が180センチを超えていて、大きな選手が多いチームでした。

一方、旭中学校は、東京成徳大学中学校のような大型選手はいなかったので、走力や機動力を武器にしていました。プレースタイルは、とにかく動いて、人もボールも止めないバスケットボール。その中でスクリーンプレーやナンバープレーなどもしっかりとマスターし、試合ではそれらを適宜使っていました。

私は、2、3番ポジションを担っていましたが、2番（シューティングガード）という役割を自分の中で確立させたのは中学時代だと思っています。

試合ではボール運びはほとんどすることなく、ボールを保持したら基本はポイントガードに返して、前へと走る。これは後の富士通でも同じでした。ディフェンスからオフェンスに切り替えるとき、私がボールを持っていたら、まずはポイントガードのルイ（町田瑠唯）に返して、私はすぐに走っていました。

中学でも、ルイのような司令塔となる選手がいたので、ボール運びやパス回しは彼女に任せて、「自分は点を取る役割だ」と、点を取ることだけに集中していました。ミニバスのときもチーム内では私がポイントゲッターのような立場ではありましたが、中学では点を取る専門家と考えていました。

私自身のプレースタイルは、ミニバス時代とはあまり変わらず、ボールを持ったらどんどんドライブを仕掛けていくスタイル。とにかくリングへと突っ込んでいました。ただ、新しく覚えたこともあります。それは、パスです。中学ではパスをすることを覚えました。当時の試合の映像を見返すと、「あ、パスしてる!」というシーンがいくつか出てきますが、それはミニバス時代にはなかったことです。

中学3年生になると、全国への思いもさらに強くなり、みんなで「うちらは何のために集まったの? 全国優勝のためだよね」などと確認し合いながら、練習に励んでいました。夏に行われた全中の予選を兼ねた大会でも、県大会を順調に勝ち、二年連続で関東大会に出場することができました。

関東大会で全国行きの切符を与えられるのは前年と同じ上位4チーム。つまり、準決勝へ勝ち進まないと全中には出られません。その準決勝進出を懸けて戦ったのが八王子市立第一中学校（東京都）、『八一（ハチイチ）』と呼ばれて全国でも名の知られている名門校です。私たちはそれまでに練習試合も含めて何度か対戦したことがありましたが、勝ったことが少ない相手でした。でも、八王子第一中学校との試合に勝つことができ、見事に全国出場を達成。本当にうれしかったです。その勢いもプラスされて、準決勝では水島沙紀さん（元・トヨタ自動車アンテロープス）を擁する栃木県の宇都宮市立若松原中学校を撃破。決勝へと進むことができました。しかし、決勝では東京成徳大中学校に大負け。前年から主力を担っていたリー、ウィルの二人をはじめ、圧倒的な強さでつけ入る隙を与えてもらえませんでした。

東京成徳大中学校はこの年も最強といわれていました。私たちも練習試合で何度か対戦していて、そのときから「これは強い」と思っていました。口では全国制覇と言っていましたが、まずは、全国に出ることが私たちの第一目標ではありました。関東大会の決勝で東京成徳大中学校のようなトップのチームと対戦したことで、全国制覇がいかに大変なことかを知り、全国制覇をするために越えなければいけない壁は相当に高いと改めて実感しました。

そしてこの関東大会、私は鼻骨骨折をしての出場でした。関東大会前に折ってしまい、フェイスガードをして試合に出場しましたが、邪魔だったため、装着したのは一回戦のときだけ。二回戦からは外して試合に臨んでいました。結果的にはチームは全国大会に進むことができましたが、チームの仲間には迷惑をかけてしまったと感じています。

初の全国大会は悔しいベスト8

2006年、悲願だった夏の全中に出場し、3チーム間で戦う予選リーグで全勝。私は初戦で25得点、二試合目では15点を取ることができました。翌日の決勝トーナメントでは、一回戦は大接戦となり終盤までもつれましたが、辛うじて二点差で勝ちました。しかし、続く準々決勝では常葉学園中学校（現・常葉大学附属常葉中学校／静岡県）に第4クォーターで逆転を許して敗退。全国制覇の夢はベスト8に終わりました。試合後はもう悔しくて、悔しくて、みんなで泣いていました。

そのとき、渡嘉敷来夢（現・ENEOSサンフラワーズ）が来て、声をかけてくれました。何を話したかは覚えていないのですが、彼女も春日部市立東中学校（埼玉県）の一員として全中に出場していて、大会前から交歓大会などで交流がありました。春日部東中学校もベスト8での敗退でしたから、今考えると同じタイミングで負けていたのです。全中といえば、負けた悔しさとともに、なぜか試合後に来夢と話をしたことが思い出されます。

この夏の全中では、関東代表の4チームすべてがベスト8に入ったことからも分るように関東のレベルは高かったと思います。そして、東京成徳大中学校が優勝。見事、全中3連覇を達成しました。

私自身は、優勝を目指していたので残念な気持ちはありましたが、人生初の全国大会への出場はとても良い経験になりました。田原先生も関東大会と全国大会では、ポジティブな言葉を多くかけてくれました。普段はほとんど褒めない先生のポジティブワードは、私たち選手を「え？」と驚かせると同時に、とても勇気をもらいました。

このときは高知県での開催で、試合後はみんなで観光をしました。私は富士通に入ってから全国各地へ行き、様々な土地で試合をしてきましたが、高知県での試合はありませんでした。いつかまた訪れてみたい場所です。

私の中学時代には、全中とは別に毎年3月末に行われるジュニアオールスター（都道府県対抗ジュニアバスケットボール大会）という全国大会もありました。これは、47都道府県がそれぞれ選抜チームをつくって日本一を争うものです。3月末ですから一、二年生に出場資格がある大会で、私は神奈川選抜として、一年生、二年生と二度出場しました。実はこの大会も、姉の存在を大きく感じさせるものでした。次女の睦が二年生のときに神奈川県代表に選ばれていて、私も絶対に選ばれたいと思っていたのです。姉は一度の出場でしたから、二度出場した私は、姉に対して少しだけ優越感を持っています（笑）。

バスケットボールでは目立ちたい

周囲の人がどう思っていたかは分かりませんが、バスケットボールを離れた普段の私は、目立つことのないいたって静かな中学生でした。

運動部だったこともあり、体育祭の実行委員などはやっていましたが、基本的には目立つことが大嫌いで、教室でも目立たないようにしていました。そんな子がなぜ飴玉を⁉　と思われるかもしれません。あの時期は、私を含めた女子バスケットボール部の数人が調子に乗っていたのだと思います。あの事件後は本当に後悔しました。実際は、昔から恥ずかしがり屋で人見知り。できれば周りに埋もれていたいタイプでした。これは大人になった今も変わっていません。富士通に入団してからもメディアの取材などは苦手でした。

旭中学では田原裕先生の指導のもとで、バスケットボールの技術だけでなく、人としても大きく成長した。この時期にシューティングガードの役割を確立させる

一対一で話をするならまだいいのですが、記者会見や会場でみなさんの前で挨拶するといったことは、本当に苦手でした。

一方で、プレーでは目立ちたい、注目されたいと思っていたので、バスケットボールをプレーしているときとバスケットボールを離れたときとでは、全く正反対の感情が出てくるのだと思います。

また、中学時代の私は、バスケットボール以外でも持久走やシャトルランといった毎年行われる体力測定では燃えました。ジャンプ系や短距離走などの種目では負けたとしても、小学一年生からマラソン大会で一位だった私は、長距離種目だけは絶対に負けたくなかったのです。自分自身、長距離種目には絶対の自信がありましたし、実際に結果も出ていたからこそ、その思いは強かったのだと思います。

恩師の一声がターニングポイントとなる

中学時代は、バスケットボール以外にも多くのことを学びました。大変なことも多々あったと思うのですが、今振り返ると、そうしたことはすぐには思い浮かばず、逆に、大きな挫折もなく過ごすことができた3年間だったと思います。

私個人としては、〝チームのエースになる〟〝神奈川県選抜に選ばれる〟といったことを、その都度目標に立てながら取り組んでいました。それも、小学生のときに決めた〝Wリーグに行く〟という夢へのプロセスだったのではないかと感じます。また、学校は違いましたが中学校までは常に先を行っていた姉、睦の存在が大きく、彼女が私の進むべき道をつくってくれていたといっても過言ではありません。

その姉は、高校進学の際に、バスケットボールで全国常連校だった実践学園高校（東京都）に進学しました。一番上の姉も同じ高校でバスケットボールをしていたため、私も全中を終えて中学バスケを引退したあとは、何度か実践学園高校の練習に参加させてもらいました。このとき、神奈川県立金沢総合高校から声をかけていただいていましたが、姉がいることに加えて練習での楽しい雰囲気にひかれ、高校は実践学園高校へ進学しようと決めていました。

しかし、そのことを母とともに田原先生に伝えると、「横浜の金沢総合高校に星澤純一先生がいるのだから、神奈川を出る必要はないのではないか」と言われたのです。

そこでもう一度考え直しました。旭中学校やジュニアオールスターの神奈川選抜の仲間たちの中には、金沢総合高校からの誘いを受けて進学を決めていた選手もいました。それに金沢総合高校は全国優勝を数回経験しているチームです。そこで、地元の横浜から日本一を目指そうと思い直し、私も進学を決めました。

この決断は私のバスケットボール人生においての大きなターニングポイントとなりました。

第2章

人間性を高め、大きく成長した高校時代

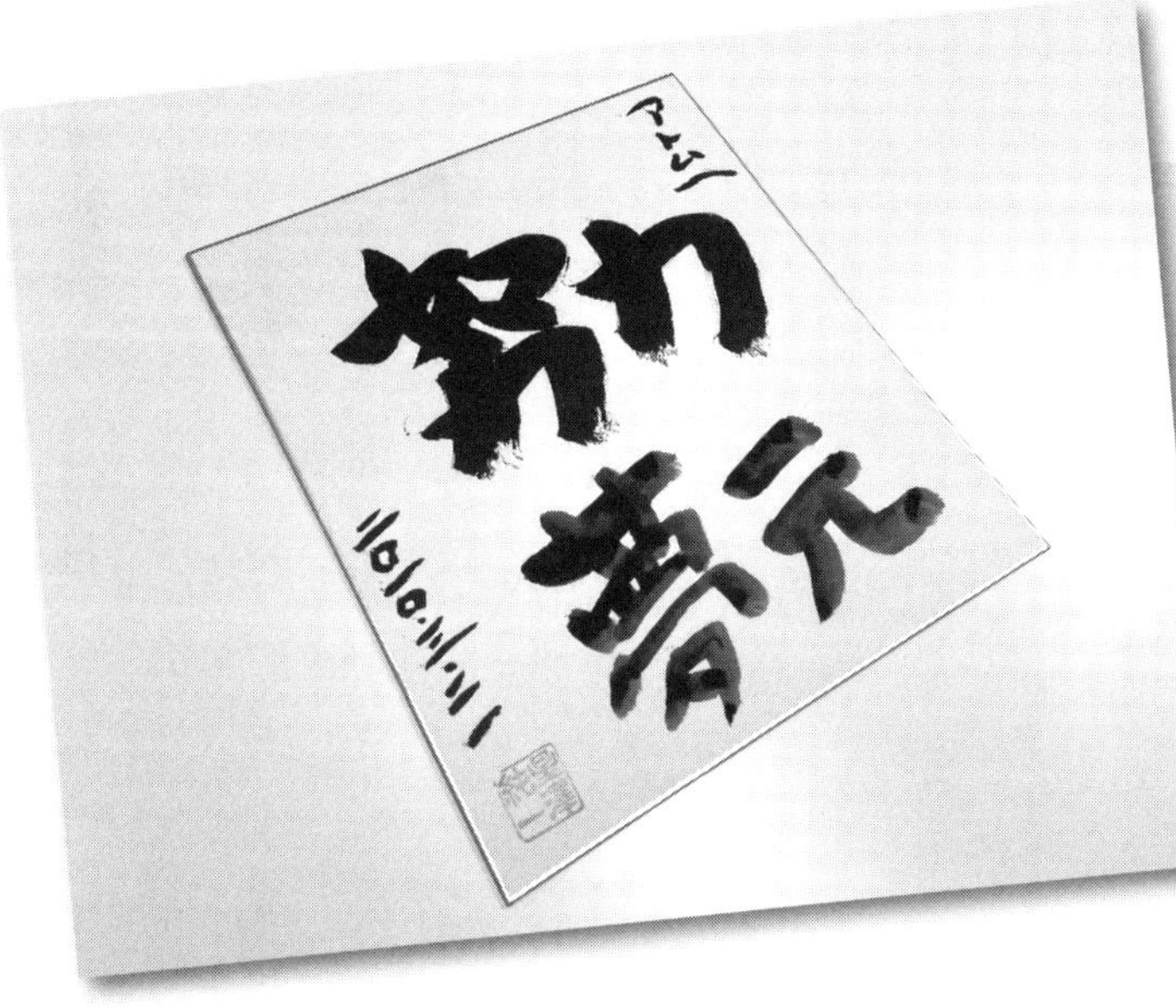

先輩の高校時代を想像する毎日

進学を決めた神奈川県立金沢総合高校の女子バスケットボール部は、前身の富岡高校の時代に星澤純一先生が赴任。星澤先生は、1977年からコーチとしてチームの指導を始めました。金沢総合高校は、私が入学する前の時点でインターハイ優勝二回、ウインターカップ優勝一回と、輝かしい成績を持つ強豪校でした。それこそ、最初にあこがれを抱いた小畑亜章子《おばたあきこ》さんの出身校で、ほかにも日本を代表するような選手を数多く輩出しています。現役のWリーグ（2022-23シーズン）選手では、富士通レッドウェーブ（富士通）の宮澤夕貴選手、プレステージ・インターナショナル アランマーレの河瀬ひとみ選手、そして星澤先生の姪でもある東京羽田ヴィッキーズの星澤真選手が卒業生です。私が入学した頃は、星澤先生はU18女子日本代表のヘッドコーチも務めていて、日本の高校バスケットボール界をけん引する指導者の一人でした。

私は2007年4月に金沢総合高校に入学しました。その前年までチームのエースを担っていたのが中畑恵里さんです。中畑さんは、高校一年生からスターターとして試合に出場し、一年生のときには日本一を経験。高校3年間での実績はすばらしく、アンダーカテゴリーの日本代表にも選ばれていました。私が高校に入学したときには、ルーキーとして富士通に入団したところでした。

日本の女子バスケットボール界にはコートネームという独自の文化があります。中畑さんのコートネームは『スカイ』。金沢総合高校では、毎年、星澤先生が考えられたコートネームを一人ひとりにつけてくださり、私のコートネームは『アトム』になりました。

アトムと聞くと、手塚治虫氏の代表作品でもあるマンガの『鉄腕アトム』を思い浮かべる人も多いと思います。鉄腕アトムがアニメ放送されたときの主題歌、その出だしのフレーズは〝空をこえて〟です。空は英語でスカイですから、アトムというコートネームには、私に中畑さんを「超える」ような選手になってほしいという星澤先生の思いが込められていたのです。

余談ですが、コートネームは女子バスケットボールのほか女子バレーボールなどでも用いられます。短いコートネームが用いられるのは、試合のときに呼びやすいからなど理由は諸説あります。

金沢総合高校では、春に入学する新入生の顔ぶれがそろったところで、星澤先生自らが辞書を用いて考えます。過去には『ロッキー』や『ハイジ』といった名前もありました。苗字に『伝』の字がついていた先輩は伝説→レジェンドで『レジェ』でした。星澤先生は基本的に、苗字などの漢字から関連づけて考えるのですが、私は篠崎澪という名前には関係のないコートネームでしたし、先輩を超えてほしいという先生の思いもあったので、期待されているかもしれないと理解して頑張りました。

先生がつけるコートネーム一つひとつに深い意味があって、過去の卒業生とはかぶらないようにしていたとのことですから、考えるのもひと苦労。さすがは星澤先生です。

さて、その星澤先生の期待を感じるようなアトムというコートネームはとてもうれしかったですし、気に入ってもいました。しかし、それからの私の頭の中には、常にスカイさんがいて、「スカイ先輩のようにならないといけない」と思うようになりました。正直、高校3年間は、星澤先生や先輩たちから聞いた〝高校時代のスカイさん〟の姿を想像し、自分自身の現状と比較する毎日でした。

スカイさんは165センチで、高校のトップレベルでは決して大きくはありません。それでも試合では、一試合30得点近くを奪取し、チームを引っ張っていました。私も身長は同じ165センチ。だから「スカイさんが30点取ったのなら、私も30点取ろう」という気持ちは持ち続けていました。

スピードがあり、運動量も豊富なスカイさん。一年生の頃から主力を担っていたにもかかわらず、高校3年間でケガが一度もなかったそうです。もちろん、練習も休まなかったといいます。星澤先生もケガをしない選手は良い選手だといつも言っていたので、私も「ケガはしない。練習は一日も休まない」と入学時から心に決めていました。

しかし、入学して間もない頃、私は足の疲労骨折をしてしまいます。あれだけ気合が入っていたのに、いきなりのケガです。練習も休まざるを得ませんでした。かなり落ち込みましたが、「ケガに負けていてはダメだ」と思い直しました。金沢総合高校では定期的にトレーナーの方が来て、トレーニングやケアの方法を教えてくれるので、その指導のもとでトレーニングをしっかりやろうと、体づくりを意識するようになりました。

練習時間確保のために学校の近くに住む

私立の強豪校では、練習でコートを二面使えたり、バスケットボール部専用の体育館があったりしますが、県立の金沢総合高校では、ほかの部と平等に使用時間を分けるため、一面どころか半面のみで練習することも多くありました。

ただ、朝練習だけは、女子バスケットボール部が唯一全面を使うことができる時間帯です。それでも、リングは6つしかありません。金沢総合高校の朝練習は、学校の一番近くに住んでいる人が5時半に体育館を開けて始まります。そこからは6つのリングの争奪戦です。

まず、最初に体育館を開けた人が一つ、リングの下にボールを置きます。そうすると、そのリングはボールを置いた人の学年専用になります。私が一年生のときには、3年生の先輩が鍵を開けてくれていたので、必然的に3年生は毎日最初にリングを確保できました。それから残り5つのリングを3学年で争うわけです。これには年功序列などの学年のしばりはありません。早いもの勝ちです。コートを広々と使ってシュート練習をするためには、一つでも多くリングを取りたいところです。けれど私たちの学年は、始発に乗ってどんなに早く着いても6時台の人たちばかりでした。そうなると、リングはだいたい一つしか取れません。先輩に一緒に打たせてくださいと言えば、先輩のリングを使ってのシュート練習ができなくはありません。

しかし、変なプライドがあったのか、言い辛かったのか、そういう行動を取るまでには至りませんでした。また、体育館は5時半から空いているのに着くのは6時過ぎで、その約30分間をシューティングできないこと自体が私には不満でした。公立校のため夜も19時以降は市民に開放しなくてはいけない日もあるので、毎日、遅くまでは練習できません。ですから私は部活動とは別に、空いている体育館などを利用して個人練習をする、夜の〝コソ練〟（コソコソ練習＝人に目立たないように自主練習すること）をしたいと思ったのです。でも、金沢総合高校までの通学は片道で一時間半以上かかりましたから、家に帰ってご飯を食べてからでは自主練習をする時間が遅くなるうえ、短かくなってしまいます。どうしても朝と夜の練習時間を確保したかった私は、家族に相談し、高校二年生からは学校の近くに部屋を借りて母と二人で暮らすことにしました。そのおかげで朝練習のリングも十分な数を確保できましたし、夜は開放している横浜市市営の体育館に行ったり、体づくりのために走ったりすることができました。

夜の自主練習につきあってくれたのは母でした。母は自転車で一緒に走って時間を測ってくれたり、バスケットボール未経験者なのにオフェンス役をやってくれたりしました。小学生のときにクリスマスプレゼントで買ってもらったラダーを実家から持ってきて、ラダートレーニングもしました。とにかくうまくなりたい一心で、公園や市の体育館、坂道を利用して、工夫しながら練習をしていました。

また、小学校のマラソン大会や中学校の体力測定のように、高校では陸上競技大会がありました。ほかの学校でいう体育祭の代わりのようなものですが、このときも、私は近くの陸上競技場を借りて、競技大会のための練習をしました。星澤先生はこういったバスケットボール以外の面も評価してくれる先生でしたから、競技大会も頑張らないといけないと思っていましたし、何より負けたくないという気持ちが強かったのです。中学のときと同じで、今まで誇りを持ってきた長距離で負けることは許されないと考えていました。それはバスケットボール部員に対してだけではなく、各運動部にいる運動能力の高い人たちも含めて、誰にも負けたくないと思っていました。

シュートにしても、得意ではなかったのでたくさん練習をしないといけないと思っていました。そもそも自分より多く練習している人がいること自体が嫌でした。その頃の私は、人より多く練習していることが大事だと考えていたのです。

私自身、人より多く練習することで「これだけやったのだから大丈夫」と、それを自信につなげていました。そして練習でやってきたことが実戦でもできるようになるといった成功体験が、また次へと向かう意欲につながっていきました。

とはいえ、高校までは自主練習や食事など、親がいないとできないことばかりでした。かなり助けてもらったと感謝しています。

人間性を高めることの大切さ

バスケットボールの名門校として知られる金沢総合高校では、入学直後からあらゆる面で衝撃を受けました。バスケットボールのレベルの高さはもちろん、コート外においても取り組む姿勢の一つひとつが新しいことばかりでした。

先に述べたように、私は中学時代の飴玉事件で、バスケットボール以外のこともしっかりしなければいけない、すべてはバスケットボールにつながっていくのだと学びました。高校に入ると、その気持ちがより一層強くなり、普段の生活に対しての考え方が変わっていきました。星澤先生は、日頃の学校生活はもちろんのこと、勉強に関しても厳しい先生でした。

毎日練習前には、Aチーム、Bチーム、Cチームに分かれた選手の名前が貼り出されます。Aチームはスターター、Bチームはスターターに近い控えのメンバーといった具合に分かれています。バスケットボールだけでなく、陸上競技会などの結果もA、B、Cを決める基準になります。そして、学校の成績もその一つでした。評定平均では、スタートメンバーのいるAチームは最低4.3以上を取らなければいけません。その数字をクリアできなければBチームになってしまいます。

何度も言うように、私は負けず嫌いな性格だったので常にAチームにいたいと思っていました。Aチーム以外のところに自分の名前があることが許せず、見たくもなかったのです。ですから、勉強も頑張りましたし、学校生活においてもきちんとした振る舞いを意識していました。

ほかにも女子バスケットボール部には、決まりごとがありました。朝、通学路の掃除をしたり、練習の準備は下級生ではなく3年生が行っていました。そういった一つひとつに星澤先生の考えや理由があり、それを私たちも理解していました。

掃除に関しては、毎日、ゴミを拾っていると、それが習慣化されてゴミが目につくようになります。そうすると、家の近くでもゴミを見つけたら気になって拾います。一度、祖父母の家の近くでゴミだと思い大きな封筒を拾ったら、そこにお金が数万円入っていました。すぐに警察に届けましたが、3か月経っても持ち主が現れなかったということで、そのお金は私のところに来ました。ゴミ拾いを続けていると、こういうラッキーなこともあるんだなと思いました。

星澤先生は、バスケットボールでもそれ以外でも、「自分で考える」ことを強調していました。私自身、中学までは姉たちの進む道を追い、ときに「こうしたらどう？」と投げかけてくる両親の考えを軸にすることが多かったのですが、星澤先生の影響もあり、高校ではバスケットボールへの取り組み方を含め、物事に対して自分自身で深く考えるようになっていきました。

小学校、中学と、その時々でバスケットボールを通して大切なことを学んできましたが、人としてどうあるべきか、大事なことは何なのかといったことをいろいろと考え、気づかせてもらったのが高校時代で、人としても大きく成長できた3年間でした。私という人間の根幹は金沢総合高校の3年間で形成されたと思っています。

個人練習で自分を客観的に見る

星澤先生は、いつでも選手の〝個〟を見てくれるコーチで、良いときはすごく褒められたし、ダメなときは強く注意されました。勝敗にとらわれず、たとえ負けてもプレーが良ければ評価してもらえたし、逆に勝ってもプレーの質や内容が悪ければ怒られました。内容と勝ちの両方にこだわりながら、個人の強化に重きを置いて、一人ひとりのことを考えてくれていました。良いことと悪いことをハッキリと分けて伝えてくれた星澤先生のおかげで、私はより良い判断、選択ができるようになったと思います。

また、今思い返すと、私は下級生の頃から試合に出させてもらいましたが、星澤先生からは「エースだから」ということを言われた記憶はなく、どちらかというと「スカイはどうだった、ああだった」と、中畑さんを引き合いに出して、話をされていたと思います。私には、スカイ超えを目指す、アトムとしての強い意識がありましたから、実際、それが私にとっては一番やる気を触発させられるフレーズでした。

星澤先生は、普段の練習ではハーフコート一面しか使えない日も多い中、そこでいかに効率的に練習するかを考えてメニューを組んでいました。その指導法やメニューはバスケットボールの専門誌などにも取り上げられるほどでした。また、限られた時間とスペースの中、個人練習にも多く時間を割いていました。それは、人それぞれ直面している課題が異なるし、何が足りないか、どういうプレーをしたいかも人によって違うからという理由でした。最初から最後までみんなが同じことをやっていたら、その練習メニューの中でしか上達できません。個人練習は自分のやりたいことに使える時間です。

これは、私にとってはありがたいことでした。そこで私は、今の自分には何が必要なのかを考えることができました。そうやって自分を客観的に見ることは、高校生ではなかなかできないかもしれませんが、バスケットボールでそうした機会を与えてもらったことで、頭を使い、考えることができるようになっていったと思います。

エースナンバー『7』へのモチベーション

背番号『7』。

これは金沢総合高校のエースナンバーです。私が目標としていたスカイさんは、この番号を一年生から3年生まで、常につけていました。もちろん、私もこの番号を絶対につけたいと思っていましたし、ありがたいことに一、二年生のときにはインターハイ、ウインターカップと、全国大会で『7』番をつけてプレーすることができました。

しかし、3年生のインターハイでは『6』番になりました。なぜそこで『6』番になったのか、理由ははっきりと覚えていませんが、インターハイ前に調子を落としていたからでしょう。その後、ウインターカップでは再び『7』番をつけることができました。

エースナンバーをつけ続けるのは本当に大変です。大きな大会でエースナンバーを獲得する道のりには紆余曲折《うよきょくせつ》があります。大会ごとに番号が変わったり、県大会では違う番号をつけることもあります。その時々で星澤先生の考えがあり、先生がチーム内での競争をうながすときもあったと思います。私も二年生のときは3年生の選手と争っていましたし、3年生になってからは、一年生にアース（宮澤夕貴）が入ってきたので、エースナンバーを取られるのではないかと気が気ではありませんでした。私の卒業後はアースが『7』番をつけていたと思いますが、彼女もまた、『7』番をつけ続ける苦労があったのではないかと察します。

ただ、見方を変えれば、それだけ重くて伝統のある番号だということ。金沢総合高校の『7』番を背負ってプレーできたことは私にとっては誇りでしたし、高校時代は大きなモチベーションにもなっていました。

キャプテンに合宿地から追い出される⁉

エースナンバー争いの焦りもあったためか、3年生のときは伸び悩みました。調子が上がらず、その上、進路の悩みもあって、何もかもうまくいかない時期が続きました。

そんなとき、毎年恒例の合宿に行きました。その合宿は、インターハイ前に富士通の胸を借りて練習試合などを行うのですが、部員全員が参加できるわけではなく、学校に残って練習するメンバーもいました。基本は主力メンバーが合宿に参加しますが、富士通の体育館がある川崎が学校から近いこともあって、プレーの内容によってはメンバーから外され、学校での練習に戻るように言われてしまうこともあります。

私は3年生のときに、その合宿で、プレーが良くなくて星澤先生にすごく怒られてしまいました。その際、いろいろなことがうまくいかない時期だったこともあって反抗的な態度を取ってしまいました。そうしたら、その態度を見たキャプテンとマネジャーが星澤先生に、「アトムを（学校に）返してください」と進言し、私は参加メンバーから外されてしまいました。その直後は「なぜ？」と思ったのですが、宿泊所に戻って冷静になったあと、ここはちゃんと話をしないといけないと考え、キャプテンの部屋へ向かいました。文句の一つでも言おうという気持ちがなくはなかったのですが、原因は私にあると気づき我に返りました。キャプテンには自分からきちんと謝りました。

結局、一度決めたことを変えることはできないからと、私は学校に戻ることになりました。ただ、それまでの私だったら感情に任せてしまったかもしれませんが、そこで冷静に話ができたのは、成長ゆえかなと思いました。

キャプテンは、旭中学からのチームメートです。当時から、彼女は物をハッキリ言うタイプで、私は彼女のそういうところを尊敬していたので、この一件の後に関係が悪くなったということはありませんでした。

高校卒からのWリーグ行きはなくなる

3年生はうまくいかない時期が続きましたが、その大きな理由の一つが進路でした。私の目標はWリーグに行くことでしたから、Wリーグに所属するチームから声がかからないことには始まりません。

私は一年生から試合に出してもらい、二年生では国体で準優勝できました。しかし、その二年間は、金沢総合高校としては好成績を残せたわけではありません。今ほど映像が拡散される時代でもなかったため、多くのスカウトの方が見に来る全国大会などで成績を残さなければ声もかかりづらいわけです。

また、富士通での合宿のように、Wリーグのチームがそれぞれ高校の数チームを呼んで行う合宿にも参加しましたが、そこでもあまり調子は上がらず、うまくアピールすることはできませんでした。

こうした合宿は、高校側にとっては、普段は練習試合が簡単にできない地域のチームと対戦できることがプラスになりますし、主催するWリーグのチームにとっては、有望な選手を見つける良い機会でした。つまり、声がかかるチャンスです。そう思って私も気合が入っていましたが、Wリーグのチームから声がかかることはなく、段々と焦りが大きくなっていきました。

一度、私に興味を持ってくれたチームがあり、当時のヘッドコーチから高い評価をいただいたのですが、そのチームの最後の一枠で、すでに声をかけている大学生が辞退したらという条件つきのものでした。

結局、大学生の入団が決まり、ほかのチームからの誘いもなかったため、完全にWリーグ行きはなくなりました。声をかけてくださったチームからも、もともとの可能性は低いと聞いてはいましたが、その知らせを聞いたときはやはりショックでした。その結果を伝えてくださったとき、星澤先生が慎重に言葉を選びながら話してくれたことを今でも覚えています。

入団は叶わなかったのですが、Wリーグのチームのヘッドコーチに評価していただいたことに関しては、とてもうれしく思っていました。それこそ、評価されていると聞いた直後は、「テレビで見ていたあのヘッドコーチに！」と、思わず泣いてしまったほどでした。

しかし、私としては、実力を見てもらう場があったのにそれを生かし切れず、手応えがなかったのも事実です。ですから、割と早い段階で気持ちを切り替え、大学進学を考えました。けれどこちらも、強豪の大学からはほとんど声がかからず、関東の一部リーグに属す大学では松蔭大学（神奈川県）からのみ。Wリーグのチームから声がかからないことに落ち込んでいる場合ではなかったのです。

最終的に松蔭大学に進むことを決めたのは、「良いチームだし、4年間しっかり学べば絶対に自分のためになる」と星澤先生が推薦してくれたためです。また、松蔭大学の小林夕紀恵監督は、金沢総合高校（当時は富岡高校）の卒業生で、星澤先生の教え子でもありました。何より私も松蔭大学のプレースタイルは好きだったので、「松蔭大学で4年間しっかり頑張ろう、そして大学卒業後にWリーグ入りを目指そう」と自分自身に誓いました。

有望な選手たちと切磋琢磨《せっさたくま》して成長

『豊作の年』

スポーツの世界では、有望な選手が多い代のことをこう言いますが、私の生まれた1991年と92年の早生まれの学年は、中学時代からこのように言われてきました。

その筆頭は、ENEOSサンフラワーズ（ENEOS）に所属し、日本代表にも選ばれ、世界最高峰のWNBAでもプレーした渡嘉敷来夢。それから先ほども言った東京成徳大学高校出身のリー（篠原恵）とウィル（山本千夏）。そしてENEOSの一員として現役で頑張っているレア（岡本彩也花）。この世代はWリーグでプレーしていた選手を挙げたらキリがないくらい、多くの選手が高校生の頃から全国大会に出場して存在感を示していました。すでに引退した選手のほうが多くなってきましたが、来夢やレアのように現在も現役で頑張っている選手もいます。

能力の高い選手が多いと、枠が限られているWリーグチームへの入団はそれだけ倍率も高くなります。そういったことが、私に声がかからなかった理由の一つではないかと周りの人たちは言ってくれました。確かにそれはあると思います。でも、私はこの世代に生まれたことを言い訳にしたくはありませんでした。

高校一年生の夏には、バスケットボールの専門誌がルーキーを紹介する特集を組んで、私もその一人として載せてもらいました。その中にいられることがすごくうれしかったですし、『豊作の年』に生まれたことが逆に良かったなとも思います。確かに進路という点では競争が激しく、希望のチームに行けないこともありますが、「みんなで切磋琢磨して成長してきたからこそ今がある」そんな自負があります。

今話すと周りから驚かれるのですが、私は高校時代、U18女子日本代表など、アンダーカテゴリーの日本代表に選ばれたことはありませんでした。選ばれなかった理由は分かります。私の担っていた2番ポジションは、世界を相手にした場合は170センチを超える選手を起用したいところだからです。私では少し小柄なのです。また、ポイントガードができるわけでもなく、私には突出した特徴もなかったのです。

Wリーグ入りを目指すのであれば、日本代表のメンバーに入ることはアピールのチャンスにもなりますし、スカイさんもかつてU18やU19女子日本代表に選ばれていたので、私も〝日の丸〟をつけたいという思いはありました。

ただ、この時期はそこまで日本代表への固執はなく、どちらかといえば、金沢総合高校で結果を出したいという思いのほうが強くありました。それに、自分がそこまでのレベルに達していないということは感じていました。桜花学園高校（愛知県）出身の来夢や東京成徳大学高校のリーたちは一年生のときから全国大会で優勝や準優勝をしていたという実績がありましたから。中学のときと比べると、随分と差をつけられてしまったなと感じていました。

あくまでも高校時代の一番の目標はチームが全国優勝すること。そして、チームが勝つには自分の力が必要だと感じていたので、もし私が〝日の丸〟をつければ、自身のレベルアップになりつつ、チームの勝利にもつながるだろうと、そう思っていたのです。

高校最後の大会でコートに倒れる

二年生の国体で準優勝はありましたが、金沢総合高校としては全国大会に出ても一回戦や二回戦で敗退と、なかなか上位に勝ち進むことはできませんでした。

勝てないことでメンタル的にも追い込まれていましたし、目標は「全国優勝」と言えるような状況ではありませんでしたが、私が3年生のとき、一年生に大物ルーキーのアースが加入したこともあり、上位を狙えるのではないかという機運が高まってきました。

迎えた2009年のインターハイではベスト4。国体をのぞいては、高校に入ってから初めて準決勝まで進むことができました。準決勝では桜花学園高校に敗れましたが、これをステップにウインターカップは優勝だと、私の気持ちも高まっていきました。

そして高校最後の大会となったウインターカップは、インターハイでベスト4だったことから第3シードとなり二回戦からの登場。インターハイでは『6』番をつけていた私は、ウインターカップではエースナンバー『7』番に戻り、初戦を迎えました。

その初戦で、それは起きました。あっという間の出来事でした。

試合開始わずか3分、私はコートに倒れました。

早い段階でレイアップシュートを決めた私は、ディフェンスに戻ろうとしたときに相手のパスカットを狙えると思い、ボールに飛びつきました。そこに相手も飛んできて交錯。着地がうまくいかず、足を痛めてしまいました。着地した瞬間に、ねんざではないことが分かりました。それと同時に、激痛が走りました。加えて足の下のほうは感覚すらありません。「終わった」と、絶望の淵に突き落とされたような思いでした。そのまま車椅子で運ばれ、私のウインターカップは終わりました。

インターハイの結果を超えたかったし、桜花学園高校と再度対戦してリベンジを果たしたかったので、大きなショックでした。それでもチームはアースの活躍もあり、準々決勝まで勝ち進みました。その準々決勝で山形市立商業高校（山形県）に敗れて、最終的にはベスト8で大会は終了。それまで、大きなケガがなかった私にとって、高校3年生のときに負ったこの腓骨《ひこつ》骨折が、バスケットボール人生で一番大きなケガとなりました。

『努力夢元』の色紙は宝物

思えば、高校3年間で星澤先生からかけてもらった言葉はたくさんあります。私の中ではそのすべてが財産になっていますが、金沢総合高校の3大合言葉である『努力は無限なり』『継続は力なり』『初心忘るべからず』は、高校時代に限らず今に至るまで、すごく大事にしてきた言葉です。継続することや努力することは、私の中では一番ピンとくるものです。高校のときは、体育館の壁にこの言葉が書かれた紙が貼ってありました。当時はそれを見て日々思いを巡らせていたというわけではありません。大人になり経験を積んで、その意味を深く考え、理解することができたからこそ、私の人生にとって大切な言葉になったのです。バスケットボール選手を辞めた今後も、ずっと大切にしていきたいと思っています。

星澤先生は『努力夢元』という言葉を一番大切にしていました。毎年、卒業する3年生に先生が色紙をくれるのですが、そこに書いてあるのがこの『努力夢元』という言葉でした。

ただ、この色紙も学年の頑張りによっていろいろあり、完成形は『努力夢元』なのですが、もう少し頑張れたなと先生が思う代には『努力』の言葉だけだったり、まだまだだなと思う代は色紙をもらえなかったりしました。それだけ星澤先生としてはこの言葉を大事にしているということだと思います。また、代によって変えるのは、高校で終わりではなく、この先も頑張ってほしいという意味が込められているのだと思います。

私たちの代はというと、『努力』のみでした。ただし、その後頑張れば先生が文字をつけ足してくれるので、私は大学に進みインカレ（全日本大学バスケットボール選手権大会）で頑張ったあとに、『夢元』の文字を追加して書いてもらいました。バスケットボールに限らず、様々な面で努力を続け、追加の文字を書いてもらったOGは多いと思います。その色紙は今も実家に飾ってありますが、『努力』と『夢元』の文字を書いた時期が異なるため、同じ黒色のマーカーですが色は少し違います。

なお、私のバスケットボール人生に大きな影響を与えてくれた星澤先生は、とにかくお話が長いです（笑）。これは当時の高校バスケットボール界では有名な話だったかもしれません。ただ、そういうときは練習の雰囲気が良くないとか、少しだれているとか私たちのほうに原因がありましたし、私たちのことを思ってお話してくれていました。そういえば……。卒業した先輩で、先生が話をしている間はつま先立ちをしていた人がいたと聞いた私は、すぐにそれを実践しました。どんなに長い時間でも先生の話の間はずっとつま先立ち。加えて日頃の帰りの電車やバスでもつま先立ちをしたまま、吊り革にもつかまらずに揺れに耐えようとしていました。

だから、こんなたくましい足になったのだと思います（笑）。

2

1

3

金沢総合高校では、3年生のときにインターハイでベスト4を経験（写真1）。ウインターカップではその勢いのまま優勝を目標に臨んだが、開始わずか3分で絶望の淵に突き落とされた（写真2 3）。悔しさが残る大会となった

第3章

目標のWリーグへ、夢を積み上げられるか

©加藤誠夫（Yoshio Kato Photography）

チームのために点を取る

「松蔭大学に行って良かった」

大学時代を振り返ると、改めてこの言葉が出てきます。

もちろんこの一言では片づけられないほど、辛いことや楽しいこと、たくさんの経験や学びを得ました。すべてが私の財産となり、その後のキャリアにも大きく影響したと思っています。

「4年間活躍して、絶対にWリーグに行く」

この思いを強く抱いて入学した松蔭大学は、関東大学女子バスケットボール連盟の一部に属し、全国制覇を目指すチームでしたから、頑張ればWリーグ入りのチャンスはあると考えていました。

松蔭大学の卒業生には、大学時代に活躍し、Wリーグの三菱電機コアラーズに入団した関根麻衣子さんという方がいました。年は6つ離れていましたが、関根さんは金沢総合高校（当時は富岡高校）の大先輩でもあります。高校卒業後に松蔭大学へ進み、二年生のときにはポイントゲッターとしてインカレ（全日本大学バスケットボール選手権大会）初制覇に大きく貢献しました。松蔭大学の小林夕紀恵監督は、私に関根さんのような存在になってほしいという思いがあり、私は関根さんが大学時代につけていた背番号『14』を一年生のときにつけることになりました。プレースタイルこそ違いましたが、同じ2番ポジションだったので、私の中でも目指すは関根さんでした。

また、私が一年生のときは、4年生が強く、インカレでは4位になりました。そのとき4年生だった田中真波さんは、卒業後にトヨタ紡織サンシャインラビッツに入団。田中さんは無名高校の出身でしたが、大学4年間の努力の末にWリーグへと進みましたから、より一層、私のWリーグに向けての気持ちを強くしてくれました。

とはいえ、Wリーグに行くことだけを考えていたわけではありません。むしろ、チームが勝つことが一番で、チームのために全力で頑張りました。大学のチームは、選手だけでなく、監督をはじめ、マネジャーやトレーナーなど、それぞれが自分の役割を果たしながら優勝へと向かっていく集団です。個々の選手もプレーで求められることが異なります。

特に松蔭大学は、選手の役割分担がはっきりしていて、私には「とにかく点を取るように」ということが課せられました。ほかには、リバウンドが主な役割とか、3ポイントシュートを打つことを仕事とする選手もいました。だから、私はチームのために点を取ることに徹しました。そしてそれが、結局は自分のためにもなりました。

シュートと一対一をさらに磨く

点を取るというポジションは、誰もが好きなポジションではないでしょうか。私はそれを任され、何の制限もなくプレーさせてもらいました。私が長い時間ボールを持っていても何も言われませんでした。もしこれが逆の立場だったら、長くボールを持っている選手に対し、私は、早くパスがほしいと感じていたと思います。けれども、周りの選手は文句を言わずに、私のやりたいようにやらせてくれました。点を取るプレーに関しては、この4年間が一番成長した時期かもしれません。とにかくシュートを打ったので、スタッツを見ても、私だけアテンプト(試投数)がずば抜けて多かったです。周りの人は、ボックススコアを見るときはまずシュートを決めた本数を見て「すごいね」と言ってくれるのですが、アテンプトの数字を見れば一目瞭然です。シュート本数が一人だけ違いますから。そう考えると、私ばかりがシュートを打っていて、チームメートはつまらないと思っていたのではないかと思います。ですから、申し訳なかったなという思いと同時に、とても感謝しています。

点を取ることが仕事でしたから、一試合でたくさんの得点を記録しました。20点台はふつうで、30点近く取ることもありました。やはり、ここでもスカイさん（中畑恵里）が取っていた30点という数字が私の中の目標ライン。高校の更衣室に貼ってあったスカイさんの目標『一試合30得点』は、大学生になっても私の頭の中から離れなかったのです。

ですから、小林監督から具体的な得点の指示はなかったのですが、常に一試合30点を目標にし、そうしていると、30点には届かなくても20点以上は得点できました。

得点に対しての意識が高かったため、とにかくボールを持ったらリングに向かって突進していました。今振り返ると、「何であの動きでディフェンスを抜くことができたのだろう」と思います。対戦相手からすると、私がどういう動きをしたとしても、最後はシュートを打ちにくると分かっていたと思うので、よく点を取ることができたなと不思議にも感じました。

点を取ることができた理由の一つに、ひたすら続けた一対一の練習があります。これがプラスに作用したのではないかと考えています。

高校では個人練習の時間があったことには触れましたが、私はそういったときに、チームメートの誰かしらをつかまえてずっと一対一をしていました。そこで、「こうやったらディフェンスを抜けるかな?」「今度はこんな技をやってみよう」と考え、試行錯誤しながらプレーしていました。

松蔭大学でも個人練習をする時間が多かったので、そんなときも常に一対一をしていました。一対一で相手を抜くことができたときは気持ちが良く、練習でやっていた技が試合でできたときはさらにうれしく、楽しく取り組むことができました。

私の一対一の原点は、吉田亜沙美さん（リオデジャネイロオリンピック女子日本代表／現・アイシン・ウィングス）です。中学生のときにすごく好きで、吉田さんの写真が載っている記事を切り抜き、下敷きに使っていたクリアケースに入れていたほどです。ちょうど、一番上の姉が吉田さんと同級生で、東京の高校にいたため、吉田さんのいた東京成徳大学高校とも対戦していました。

私は吉田さんが高校一年生のときのウインターカップ準決勝のＤＶＤを買って、繰り返し、繰り返し見ました。そこから吉田さんの技を自分でまねしていく中で、「さっきはできなかったけれど、こうやったらディフェンスを抜けるかな」と考え、試行錯誤しながら一対一の練習に取り組み、自分の動きを見つけていきました。

高校の話でもう一つ挙げると、当時、関東大会では頭一つ抜けていた東京成徳大学高校と対戦した際には、マッチアップするウィル（山本千夏）にどうしても勝ちたいと思っていました。星澤先生も、普段の練習から自分よりうまい人を相手にしたときのプレーを想像しないといけないと言っていたので、私は常にウィルをイメージして練習をしていました。どうやって彼女を抜くか、一対一で勝てるかを考えていました。彼女は、負けたくないマッチアップ相手であり、勝手にライバル視していました。

現役時代は、メディアを含め、いろいろな方に「技が多彩」「フィニッシュがうまい」と言ってもらいましたが、シュートバリエーションの多さなどは、高校や大学で数多く一対一をした中で身につけたものだと思っています。高校から継続して、大学でも一対一の練習を多くできたことはありがたかったです。

初の全国優勝を果たし、富士通へ

大学二年生、3年生の頃は、春の関東女子トーナメントや秋のリーグ戦、インカレと、目標は優勝ではあったものの、そのレベルには達することができていないというのが現実でした。二年生の頃から、私たち下級生が試合に多く出ましたが、全国優勝というよりは、まずは関東の強い相手、白鷗大学（栃木県）や早稲田大学（東京都）に勝とうという目標がありました。

それでも4年生になると、白鷗大学と早稲田大学には及ばなかったのですが、トーナメント戦では3位になり、秋のリーグ戦では早稲田大学を上回る二位となりました。いずれの大会も私は得点王を取ることができ、点を取るということに関しては自分の仕事ができたと思います。

ただ、あくまでも目指すのはチームの全国優勝だったので、大学最後の大会となる11月のインカレにすべてを懸けました。

山口県で開催された2013年のインカレでは、一、二回戦と順調に勝ち進みました。準々決勝の専修大学（東京都）戦は第3クォーターを終えて二点ビハインドではありましたが、第4クォーターで追いつき、そして最後は突き放して勝利。準決勝へとコマを進めました。

準決勝の相手は関東のトーナメント戦、リーグ戦と二つのタイトルを獲得していた白鷗大学。試合は第1クォーターを5点リードと幸先良いスタートを切りましたが、白鷗大学に追いつかれると、第3クォーターで二点ビハインドを負ってしまいます。それでも、第4クォーターで26得点を奪い、白鷗大学の得点も抑えて最後は79－70で勝利。この年、全敗を喫していた相手に最後の最後で勝つことができました。しかし喜びも束の間、翌日に決勝が控えていたため、気持ちを切り替えて大阪体育大学（大阪府）との決勝戦に臨みました。

大阪体育大学は、前年のインカレ覇者で二連覇を目指していました。前半は5点ビハインド。体も重く、本来の動きとはいきませんでしたが、第3クォーターに逆転すると、第4クォーターではそのリードを守り切り、82－78で勝ち、優勝を達成。個人としても39得点を奪うことができました。優勝に加えて、点取り屋としてチームを引っ張ることができたことは大きな喜びでした。私は大会のMVPとなり、最後の最後で一番良い思いをさせてもらいました。

点を取るという自分の持ち味を最大限に生かしてくれたのは小林監督です。大学で活躍しなかったらその先の道もなかったので、当時は死に物狂いでした。本当に感謝しています。ときには、何が理由で監督から怒られているのかが分からず、理不尽だと思ったこともありました。でも、今振り返ると、決して理不尽ではなく、人として必要なことを教えてもらったのだと思います。社会人になるための学びを得られた大学4年間は実りのあるもので、松蔭大学に行って良かったと心から思っています。

大学卒業後の進路の希望はもちろん、Wリーグのチームに入団すること。ブレることはありませんでした。

大学のチームも、高校と同じようにWリーグのチームへ合宿に行きます。Wリーグのチームが相手をしてくれるときは、自分をアピールするチャンスなのですが、一年生のときは全く歯が立ちませんでした。けれども、4年生の頃には手応えを感じるようになりました。そして進路に関しては、5チームから入団のオファーを受けました。高校のときはお願いしても入ることができなかったのに、選べる立場になったことは純粋にうれしかったですし、優勝争いをするような強いチームからもお話をいただき、それもまたうれしく思っていました。

「地元の選手が地元のチームで活躍することは恩返しになるし、神奈川の子どもたちにも夢を与えるのではないか」

どのチームに行くか迷っていたとき、相談に乗っていただいた小林監督から、このようなアドバイスをいただきました。プレースタイルが私に合っているということも小林監督が推してくれた理由の一つでした。

私も2番ポジションのスタイルを確立したところだったので、そのまま2番としての特徴を生かすほうが良いと思い、大学卒業後は、富士通レッドウェーブ（富士通）に入団することを決めました。

富士通では、すでに高校を卒業して入団していた同級生のリー（篠原恵）とウィルをはじめ、一つ年下のルイ（町田瑠唯）に二つ年下のモエコ（長岡萌映子）と、同世代の選手が主力を務めていました。ですから、私が頑張れば、このメンバーと長くできるかなという考えもありましたし、富士通にはずっと目標にしていたスカイさんがいたことも決め手となりました。

大学時代はキャンパスが神奈川県厚木市にあったので、私は実家から通っていました。電車でも通えますが、キャンパスの最寄駅からはバスに乗ることになるため、移動が簡単な原付バイクで通いました。ですので私の活動範囲は神奈川県内のみと言ってもいいほどです。川崎で生まれて横浜で育ち、小中高、そして大学、さらに、実業団のチームでも川崎市に拠点を置く富士通を選んだため、すべてのカテゴリーで神奈川県を拠点とするチームに所属することになりました。

ディフェンスを評価され、一年目からスターターに

高校時代の悔しい思いを間近で見てきた母は、家から近い川崎市のチームに所属することで喜んでいました。

一方で、皇后杯優勝3回、Wリーグ優勝一回を誇る強豪チームへの入団でもあるので、「下積みは大変だよ」とも口にしていました。母に言われるまでもなく、

私自身、「強いチームに行くなら絶対に下積みの時期は長くなるから、とにかく心が折れないように、勉強だ」という覚悟を持っていました。

2014年、富士通に入団して、バスケットボールのレベルや練習環境など様々なことが変化する中、コートネームも『シィ』に変わりました。2013-14シーズンまで富士通のヘッドコーチを務めたナツさん（籔内夏美／現在は女子アンダーカテゴリー日本代表専任コーチ）につけてもらったのですが、「最先端を走れ」という思いが込められていて、英語で最先端を意味する『Cutting edge』から、その頭文字を取って『シィ（CE）』になりました。

私が入団した2014-15シーズンは、BTテーブスヘッドコーチが指揮を執った一年目でした。練習はきつかったし、よく走って、運動量も多かったと思います。私はそんなに簡単に試合には出られないと思っていたのですが、一年目からスターターとして起用してもらいました。

ただし、私自身は必死でした。一緒にスターターで出場していたルイたちよりレベルが下だと感じていたので、富士通というチームのレベルに到達するために、自分のレベルを上げないといけないと考えていたのです。どうにかみんなとフィットしないといけない、何としてでも勝たないといけない、という気持ちが強くありました。

そのような中で、一年目はWリーグで準優勝しました。ルーキーイヤーでファイナルの舞台に立ち、ルーキー　オブザ　イヤー（新人王）をいただいたことで、一年目のシーズンが終わる頃には自信もつきました。今まではずっと見る側だったのですが、そのファイナルの舞台に立ったときには、とうとうこの場に来たんだと感慨深いものがありました。プレーで通用したこともしなかったこともあった一年目でしたが、それも含めて、この場所で頑張っていこうという気持ちが強くなりました。

二年目になると、先輩たちの多くが引退し、チーム編成がごそっと変わってしまったので、もうやるしかない、まずはスターターとしてしっかりとしたプレーをしようという気持ちを強く持ちました。この2015－16シーズンは、プレーでも支えてくれた先輩たちがいなくなり、年齢もキャリアも若いチームになったので、チームも安定感に欠けたと思います。主力として試合に出ているスターターのメンバーは、より一層核にならないといけないというプレッシャーもあり、かなりきついシーズンにはなりました。

どちらかというと私はオフェンスのイメージを持たれることが多いのですが、テーブスヘッドコーチが私を起用するようになったのには、オフェンスだけでなく、ディフェンスも頑張っていたことが理由だったと思います。

富士通は、点を取ることができる選手がそろっていて、それほどボールが回ってきませんし、シュートチャンスも高校や大学のときのように多くはありません。

点を取ることを得意としてきた私ですが、「Wリーグではチームのみんなが点を取れる。そうなると、ポイントゲッターとしてやってきた私の仕事って何だろう?」と思ったわけです。そこで「ディフェンス」を強く意識するようになりました。特段ディフェンスに秀でていたわけではありませんが、ディフェンスで貢献しよう、ディフェンスも武器にしていこうという考えを持つようになったのです。

また、高校時代に星澤先生から、ディフェンスは努力次第で誰でもできると言われて練習を継続し、相手オフェンスの動きを読んだディフェンスができるようになった経験もありました。自分のディフェンスで流れを変えることができた経験から、高校時代からディフェンスは大事だとは感じていました。

もちろん、自分をアピールするにはディフェンスしかなかったという面もあります。テーブスヘッドコーチの求めるスタイルがディフェンスに重きを置いていたことも、より一層、ディフェンスへの思いを強くさせました。そんな富士通での一、二年目にJX-ENEOSサンフラワーズと対戦したときには、あこがれの吉田亜沙美さんのマークを任され、ぴったり張りついていました。

また私は、バスケットボールでは目立ちたい人間です。何かしら目立ちたいという考えから、オフェンスで目立つ場面が少ないのなら、その分、ディフェンスで目立とうと思っていました。

実感したベテラン勢のすごさ

ずっと目標にしていたスカイさんとは最初の一シーズンだけ、同じチームで戦うことができました。私が一年目の2014-15シーズンは、スカイさんはバックアップからの出場でした。出場のタイミングもまちまちで難しい立場だったと思います。それでも、私が不調のときなどはいろいろと教えてくれたり、私から

©加藤誠夫（Yoshio Kato Photography）

ルーキーイヤーにファイナルの舞台に立って新人王を受賞。JX-ENEOS
とのファイナルではあこがれの吉田亜沙美に対峙した

の質問にも親身に答えてくれたりと、本当に助けてもらいました。自分のことは置いておいて、周りの人に優しくする彼女は、神様ではないかと思うぐらいの方でした。

私がずっと目標にしていた先輩は、選手としてだけではなく、人としても魅力のある方だということを改めて知り、そのすばらしい人間性を実感する一年でした。

スカイさんと同じく、一緒にプレーしたのは一シーズンだけでしたが、アオイさん（有明葵衣／現在は3人制バスケットボール選手、Wリーグ理事）も本当に尊敬する先輩です。アオイさんも私が入団したときにはバックアップメンバーで、練習から控えメンバーをすごく引っ張っていて、みんなに的確な指摘をしながら、その分、自分も率先してプレーするような人でした。

夜の自主練習に取り組む姿勢がすばらしく、当時は28歳でベテランといわれる年齢でしたが、そこまでやるの？　というぐらい練習をしていました。ベテランの方があそこまでやっているのだから、自分はもっとやらないといけない、そんな気持ちにさせられました。自分に厳しい、努力の人でした。

後輩の私がこんな言い方をするのは生意気かもしれませんが、アオイさんが試合で活躍したときはすごくうれしかったです。チームの流れが悪いときに、アオイさんがその流れを変えるような働きをしたときは、ベンチで泣きそうなぐらい喜びました。

そのときに、何でこんな感情になるのだろうと思ったのですが、それは日頃アオイさんの努力する姿を見ていたからでしょう。普段から試合に向けた準備を怠らず、黙々と練習をしているからこそ、そういう大事な場面でしっかりとプレーができるのだと感じ、感動したことを今でも覚えています。

私は30歳になるまでプレーしました。年の離れた後輩たちが試合で活躍したり、練習していたプレーが試合でもできるようになれば、自分のことのようにうれしかったです。一方、アオイさんに対しては、そういった感情とはまた違うあこがれや尊敬という思いが含まれていたように思います。

一年目のファイナルは、私にとっては初めてのことで、第一戦が全くといっていいほど調子が良くなくて悩んでいました。そんなときに真っ先に声をかけてくれたのがアオイさんでした。「思っていることを何でも言ってみて」と話を聞いてくれたアオイさんのおかげで気持ちがリセットできました。自分のことだけではなく、周りの選手のケアもできる先輩、チーム全体を見ている人でした。そういったベテランの先輩たちからいろいろなことを学ばせてもらったと思っています。

そして、レイさん（三谷藍）も尊敬する先輩です。私が入団する前から日本代表に選ばれていて、〝すごい人〟ではあったので、最初はおそれ多くて話しかけることができなかったし、近寄りづらくもありました。

私とは13歳差。でも、レイさんがすごいのは、練習で一切休むことなく、私たちと同じメニューを全部こなしていたところです。朝の自主練習に始まり、私たちと同じルーティンで一日を過ごすのです。

ほかのチームでは、年齢が上のベテラン選手には休みがあったり、練習もすべてこなすわけではないと聞いていました。最初はレイさんもそうなのかなと思っていたのですが、とんでもありません。当時、レイさんは35歳ぐらいだったと思いますが、一番若い選手とも一緒に練習をしていました。これはもう、すごいとしか言いようがなかったです。

レイさんは誰に対しても同じ接し方をして、良いものは良い、ダメなものはダメとはっきりと言います。一方、私は、人に対して何かを言うのが苦手でした。チームの中で年齢が上のほうになっても、これだけはできませんでした。

レイさんは、普段は穏やかな性格で、もともとは人に何かを言うことは得意ではなかったそうです。でも、チームのためにやらないといけないと思って、周りにアドバイスや指摘をする声がけを実行し始めたのです。練習からチームのために必要なことを考えて行動に起こし、試合ではベンチからずっと声を出し続けていました。スターターで出てもおかしくなかったのですが、私が入団したときはバックアップに回っていました。それでも、淡々と自分の役割に徹していました。

私は日本代表候補に選ばれ代表合宿に参加するようになってから、同じく日本代表メンバーだったレイさんに仲良くしていただきました。合宿中はメンバーだけの生活だったので、いろいろな思いや悩みをレイさんに聞いてもらい、助けてもらいました。そういうこともあってとても仲良くなり、引退した今も連絡を取る間柄です。基本的に、私はあまりマメに人に連絡をするタイプではないのですが、レイさんは、私から連絡を取る限られた中の一人です。

日本代表デビューとオリンピック落選の挫折

富士通での一年目のシーズンを終えた2015年、私は日本代表候補メンバーに初選出され、日本代表の活動に参加しました。夢にまでみた日本代表です。それまでもユニバーシアードの日本代表には選んでもらっていましたが、トップ代表でのメンバー入りは初めてで、本当にうれしかったことを思い出します。

しかし、合宿はすごく緊張しました。前日の夜は眠れないほどでした。富士通からはルイやレイさんも選ばれていたのでその点では安心でしたが、合宿初日は、「年上の先輩に挨拶しないと!」と、そういうことばかりが気になって心が落ち着きませんでした。ですから練習でも全く自分らしさを出せていなかったと思います。シュートを打つのも怖かったし、そもそも何をしていいのか分からないほどで、毎日練習に行くのにドキドキしていました。合宿を重ねるたびに慣れてはいきましたが、それでも練習についていくだけで必死でした。

２０１５年のこの年は、３度目となるユニバーシアード競技大会にも出場。その大会を終えて再び日本代表合宿に参加し、メンバー入りを目指しました。結果的には12人のメンバーに残ることができ、中国で開催された「第26回ＦＩＢＡ ＡＳＩＡ女子バスケットボール選手権大会」（以下、アジア選手権）に出場しました。この大会は、リオデジャネイロオリンピックの予選を兼ねており、アジアで一位になれば、その時点でオリンピックの出場権を得られることになっていました。日本代表として初めての国際大会は重圧のかかるものではあったものの、予選ラウンドから決勝まで7試合すべてに出場することができ、一試合平均出場時間は14.3分、得点は7.9点をマークしました。重い空気の流れたチャイニーズ・タイペイとの準決勝では、その雰囲気を打ち破るような速い攻めでチームを盛り上げることができ、日本代表デビューとしては少し手応えも感じました。

このアジア選手権で日本は優勝し、リオデジャネイロオリンピック出場が決定。私も来年はオリンピックの舞台に立てるように頑張ろうと気持ちを新たにしました。そのためにはまず富士通で結果を出すことです。それが日本代表にもつながっていくということを頭に置きながら、二シーズン目を戦いました。

「何か大きな変化がない限り、（アジア選手権から）メンバーは大きくは変わらないのではないか」

富士通での二シーズン目を終えて、リオデジャネイロオリンピックに向けた日本代表候補に選ばれた私は、代表活動に参加しているときも、そういった油断がほんの少しあったのかもしれません。油断というよりは、そうなってほしいという願望でもあったと思います。

選手選考を兼ねた合宿や遠征などで、力を出し切れていない、良さをアピールし切れていないことに少し焦りはありました。最後は海外遠征だったのですが、その最終日の試合に主力組は出場せず、私を含めたボーダーライン上の選手たちが出場しました。試合をしながら選考されているなと感じましたし、私はギリギリの立場だということも理解していました。最後の試合では自分の中では良いプレーができたという手応えもありました。しかし、その前までが良くなかったということは否めません。

海外遠征から帰国したあと、都内のホテルでヘッドコーチが最終メンバーを読み上げましたが、私の名前が呼ばれることはありませんでした。落選したメンバーはみんなに挨拶をして、それぞれが帰路につきました。富士通ではレイさんとウィルの二人も同じようにメンバーから外れてしまいました。3人とも電車で帰る気力がなく、泣きながらタクシーに乗って、富士通の寮まで帰りました。

小さい頃からオリンピックに出ることを目指していたので、「あと一歩で届かなかった」という現実は、人生の中で一番ショッキングな出来事でした。それは私の夢をバックアップしてくれていた家族にとっても同じだったと思います。

ショックに加え、悔しさもありました。その日は家で、普段は飲まないお酒を飲んでその気持ちを発散しました。たくさん飲んだわけではないし、発散といっても騒いだわけではないのですが、思っていることを家族と延々話しました。そのうちに眠くなって寝てしまったので、詳しくは覚えていないのですが……。

落選していろいろと思うことはありましたが、決定を覆すことはできないし、どうしようもないことです。「昨年のアジア選手権に出ていた」と、言い訳というか自分に保険をかけていたような気持ちもあったわけです。自分が納得したプレーができていたら「どうして?」と思ったかもしれませんが、見合ったプレーができていないなという思いは代表活動中もどこかにありました。だからでしょう、お酒を飲んだ翌日はふっ切れて、「早く練習がしたい」という気持ちがすぐに湧き上がってきました。

そしてチームに戻って、この２０１６－17シーズンから指揮を執ることになっていた小滝道仁ヘッドコーチと面談し、すぐにバスケットボールをしたいと伝えました。迷うことなく、直後に予定されていた山形での合宿に参加しました。

「リーグで見返そう」

「私を選ばなかったことを後悔させるぐらいに頑張ろう、そしてまた日本代表に入りたい」

そんな思いで再びバスケットボールに打ち込みましたが、その時点で２０２０年夏のオリンピックが見えていたかといったらそうではありません。すでに次のオリンピックは東京開催が決まっていましたが、４年という月日は長く、東京オリンピックを目指すというよりは、リーグ戦で頑張って日本代表に戻り、直近の国際大会に出場したいといった気持ちでした。

「やり切った」3×3日本代表の舞台

日本代表で苦労したことの一つに、ポジションに関することがあります。私は2番ポジションですが、3ポイントシュートを武器として持っていたわけではありませんし、世界を相手にすると167センチの身長は「小さい」とよく言われていました。かといってこのタイミングで1番を始めるのは厳しい。一度、シーズン前の練習期間に、代表活動でいないルイに代わって、私が1番をやったことがありましたが、ボールをキープしたり、オフェンスを組み立てたりすることはできない、無理だと感じました。だから私は2番ポジションをやり切ろう、小さくて高さのハンデがあるのなら平面で勝負して、ほかの人とは違う良さを出さないとダメだと思いました。試合に出たら走ってアップテンポな展開へと持ち込むスタイルで生きていこうと決めたのです。

リオデジャネイロオリンピック代表落選以降も日本代表候補に選ばれることはありましたが、本大会のメンバーには残ることができませんでした。２０１８年にアジア競技大会に出場しましたが、それ以降は、５人制の日本代表に呼ばれることはなくなりました。

ときをほぼ同じくして、２０１９年から、３ｘ３バスケットボールの日本代表候補に選出されるようになりました。この時点で私は27歳。最初は参加することを悩みましたが、日本代表になるチャンスがあると考え、その先の東京オリンピックを見据えて、挑戦することに決めました。当時、デンソーに所属していた一歳年上の伊集《いじゅ》南さん（現・Wリーグ理事）が「私も参加するから、一緒に頑張ろう」と言ってくれたことも背中を押してくれました。

３ｘ３は東京オリンピックで正式種目として新たに採用された注目の競技でしたが、私が参加した最初の合宿では、私を含めて未経験の選手がほとんどだったため、まずはルールを覚えるところから始まりました。5、6面を使ってひたすら試合をし、そのときに「これは面白い、自分に合っているかも」という感覚が芽生えました。その後は様々な大会に出場し、経験を積みながら、競技の特性もつかんでいったので、この競技で絶対に東京オリンピックへ行きたいと思うようになりました。

東京オリンピックは自国開催のため、男女5人制、3x3の男子チームは、開催国枠を得ることができましたが、3x3の女子は、FIBA3x3オリンピック予選(以下、OQT)に参加して〝東京行きの切符〟を獲得しなければなりませんでした。最初は心の整理がつきませんでしたが、やるしかないと思い直しました。その後、コロナ禍で東京オリンピック、そしてOQTも開催が一年延びましたが、その期間を準備期間だとプラスに捉えることができました。その一年で伊集さんが引退し、もう一緒にバスケットボールができないという寂しさはあったものの、何としてもOQTを勝ち抜いてオリンピックに行きたいという思いは強くなりました。

そして東京オリンピック本番の二か月前、5月末に私たちはオーストリアで開催されたOQTを戦い、無事に出場権を獲得することができました。それから約一か月後にオリンピック出場メンバーの発表がありました。3x3の出場メンバーは4人のみですが、私はそこに入ることができ、念願だったオリンピック出場をつかみ取りました。

「いつもの国際大会とは違う」

夢にみていた舞台だったからこそ、東京オリンピックでは、そのステージに足を踏み入れたことに感動しました。会場ではどこを見ても五輪のマーク。当たり前ですが、それを見て「オリンピックだな」と実感しました。選手村は、ユニバーシアードでも経験していたので特別な感じはなかったのですが、すれ違う人、見かける人が有名人なので、やはりほかの大会とは違うなと実感しました。

オリンピックでは、たくさんの人からメダルのチャンスがあると言われ、私自身もそう思っていましたが、準々決勝で敗れてメダルの獲得はできませんでした。周囲からの期待が大きかっただけに、余計に悔しかったです。

優勝できなかったこと、メダルを取れなかったことに関しては悔いが残りますが、それ以外では、東京オリンピックはやり切ったと言える大会でした。無観客だったため映像を通してではありますが、両親にもオリンピックで戦う姿を見てもらえたことは本当に良かったと思います。残念ながら、試合日程の関係で、私たち3x3女子日本代表のメンバーだけが開会式、閉会式とも出ることができなかったのですが、とても楽しい期間でした。

また、東京オリンピックで3x3という競技を初めて見た方たちから「展開が早くて面白い」「スピーディーで楽しい」という声をいただき、私たちのプレーを通して3x3の良さを広めることができたのかなと思うと、その点でも大きなやりがいが感じられました。

そして、この夢のような期間を経て、私は一つの思いを胸に、8年目となるシーズンへの準備を始めました。

3ｘ3の日本代表として“東京2020”の夢舞台に立った。
メダル獲得はならずも、すべてを出し切ることができた

大きな、大きな夢を追い求め続けた
バスケットボール人生——。

1998〜2004_若葉台北小

2004〜2007_旭中学

2007～2010_金沢総合高校

© 日本文化出版株式会社

©F.MIKAMI

2010〜2014_松蔭大学

2016.05.09_国際親善試合 vs オーストラリア

©加藤誠夫（Yoshio Kato Photography）

2014～2021_富士通

2014-15シーズン

2015-16シーズン

2016-17シーズン

2017-18シーズン

2018-19シーズン

©Fujitsu

2019-20シーズン

2020-21シーズン

JAPAN
11

TOKYO 2020
JAPAN
11

そして——、
ラストシーズンが開幕。

第4章

すべてが凝縮された最後の一年間

©Fujitsu

引退を決めた最大の要因はモチベーション

２０２１－22シーズンをもって私は現役を引退しました。

ＳＮＳを通じて引退を発表したときには、たくさんの驚きの声をいただき、その中には「まだできるのではないか」といったコメントも多くありました。しかし、当初はその前のシーズン、２０２０－21シーズンでの引退を考えていました。

引退には様々な要因が重なりますが、一番の大きな理由はモチベーションです。入団してからずっと、がむしゃらに走ってきましたが、以前と比べるとなかなかモチベーションが上がらずに苦しんだのが２０１９年頃で、引退という文字が頭に浮かぶようになりました。次のシーズンを考えたときに、「またこの生活をするのか……」といったネガティブな感情が出てくるようになったのです。

ベテランの域に入っていたので、練習についていけないとか、辛いといったことは全くありませんでした。しかし、オフの日、それまでなら「明日から練習だ、頑張ろう」とすぐに気持ちを切り替えることができたのですが、なかなか前向きな気持ちになることができませんでした。

ところが、新型コロナウイルス感染症の影響で突如、Wリーグが中断せざるを得なくなったのが2019-20シーズン。このときは不完全燃焼でシーズンを終えたことが大きく、すぐに次のシーズンもプレーを続ける気持ちになりました。

迎えた2020-21シーズンは、前のシーズンで同級生のリー（篠原恵）、ウィル（山本千夏）が引退したこともあり、チーム内で私が最年長になりました。しかし、気持ちの面も含めてうまくいかないことも多く、シーズン途中から本気で引退を考えるようになりました。

「今シーズンで終わりかな」

そんな思いがよぎり、シーズン中にチームの部長に話をし、BTテーブスヘッドコーチには、モチベーションが上がらず声をかけてもらったときに、引退も含めていろいろと考えているという話をしました。

ただ、2020-21シーズンで引退となると、シーズンが終わる2021年3月には富士通レッドウェーブ（富士通）の選手としてのキャリアは終了し、そのあとは夏の東京オリンピック出場を目指して3x3日本代表の活動だけを残すということになります。出場できれば東京オリンピックが現役最後の大会です。一時期はこのように考えていました。

しかし、もし3x3の日本代表メンバーに入ることができなかったり、東京オリンピック出場を逃したり、東京オリンピックに出場することができたとしても納得のいくプレーができなかったときに、それでバスケットボールからきっぱり離れられるのか、と考えました。東京オリンピックで金メダルを取って終われたら納得できるかもしれませんが、小学校一年生から始めたバスケットボールの最後に、未練を残して終わるようなことはしたくないと思いました。

また、私が引退を考えていることを知ったルイ（町田瑠唯）や、大学でチームメートだったリツ（内野智香英《ちかえ》）から、引き止める言葉をもらいました。一シーズンは長いので、簡単に「あと一シーズン」とは言えないのですが、悩んだ末に「もう一度、日本一を目指そう」と言ってくれたルイたちの言葉に気持ちが動き、本当にこれが最後のシーズンだと心に誓って、2021-22シーズンの現役続行と、そしてそのシーズンが引退のシーズンだと決めました。

そのシーズンからアース（宮澤夕貴）らが移籍して富士通に加入したことでも、チーム強化の面で「（優勝を狙うための）最後のチャンスだ」という思いを強くしました。

私は昔からモチベーションがないと頑張れないようなところがありました。若いときならば、うまくなりたい、勝ちたいというモチベーションをずっと持つことができますが、選手としての歳月を重ねていくとその維持が難しくなってきます。リオデジャネイロオリンピック出場を逃したあとは、先が見えない時期もありましたし、「モチベーションって何だろう?」と、考え込んだときもありました。でも、何か頑張る理由をつくってそれをモチベーションに変えないといけません。現役時代の最後のほうは、家族をはじめ、応援してくれる方々に良いプレーを見てもらいたいということをモチベーションとして頑張っていました。

オフでしっかりと休み、ラストシーズンへ

2021年は、3月にシーズンを終えたあとに東京オリンピックに向けた活動がありました。特に3x3女子日本代表は東京オリンピック出場をまだ決めていなかったため、合宿や5月末のOQT、そして本番の東京オリンピックと、とに

かく予定が詰まっていました。そのため、東京オリンピックが終わった時点で心も体も疲れ果てていたのは事実です。オリンピック後は、今までにないぐらい長いオフをいただきました。

一か月近い休みを取ったのは初めてのことでした。体を動かしていないと逆に気が休まらなかったこともあって、それまでは長期の休みを取ったことがありませんでした。でも、このときは相当に疲れていて、長いオフを過ごしました。初めての長期オフでは、のんびりと、ゆっくりとした日々を過ごすことができました。

オフでいうと、これまで日本代表の活動があるときは活動を終えてから数日、日本代表の活動がないときはシーズンの終了から一週間ほど休み、次のシーズンに向けて動き出していました。さらに細かいことをいえば、走ることは休みの期間も継続していました。一度体力が落ちてしまうと上げるまでが大変で、それが辛かったからです。オフの期間は、体を全く動かさないほうがいいという選手もいますが、私は体力を戻すまでのきつさが嫌で、体力が落ち切る前に動き始めるようにしていました。富士通は割としっかりと休む人も多かったので、オフの時期は体育館に行ってもあまり人がいなくて、各カテゴリーの日本代表に選ばれた選手たちが代表合宿のために体を動かしていたぐらいでした。

さて、東京オリンピック後の長い休みのおかげもあって、富士通で活動を再開した私は、Wリーグの最後のシーズンに向けて気持ちも入っていました。ただ、3x3と5人制では、同じバスケットボールではあっても特徴が異なり、3x3から5人制へのシフトには苦労しました。例えば、3x3はハーフコートですが、5人制はオールコートで行うため、長い距離を走らなくてはならないこともその一つです。3x3の日本代表活動から富士通に戻ると、走る練習メニューでは「全く前に進まない」という感覚がありました。すぐに疲れてしまって、オールコートが走れないのです。3x3の活動中も、できるだけ走力を落とさないように走ってはいましたが、それでも本格的に富士通の練習に参加するとすぐに疲れが出てきてしまい、補い切れませんでした。

一方で、3x3と5人制のプレースタイルでの違いには困ったことがなく、逆にハーフコートの動きではクイックネスが良くなって、キレがありました。3x3はハーフコートの中で個々が素早く動かないといけないので、富士通の常に動き続ける、動きを止めないといったスタイルに、3x3でやってきたことをそのまま生かすことができました。加えて、カッティングのタイミングなどは、3x3を通してより理解を深めることができたため、プラスになりました。

日本代表の活動の時期はWリーグのオフシーズンにあたるため、日本代表候補に選出されると、一年を通して長期の休みを取ることが難しく、日程的にも体力的にもハードになります。でも、私個人としては体力面だけで考えると、日本代表で一度ピークをつくっている分、その後、富士通に合流して大きく困ることはありませんでした。逆に5人制の日本代表ではあまり試合に出られないといった状況もあったので、そのときは体力維持に気を使いました。個人練習で走るメニューを多めに入れるなど、体力を落とさないように心がけていました。

メンタル面では、日本代表では年によって不完全燃焼で活動を終えることもあったため、そのモヤモヤした気持ちを「富士通で頑張ろう」というモチベーションにうまく変えることができていたと思います。

ラストシーズンの開幕

ラストシーズンに話を戻します。2021年10月22日、私にとって8シーズン目となる、最後のシーズンが開幕しました。

富士通の初戦の相手は東京羽田ヴィッキーズ。試合は東京羽田のホームコートである大田区総合体育館で行われました。

東京オリンピックで5人制の女子日本代表が銀メダルを獲得し、女子バスケットボールの人気が上昇していたこと、さらに東京オリンピックで大活躍を見せたルイの人気もあって、たくさんの方が会場に足を運んでくれました。応援を背に受け、富士通は開幕2連勝。幸先良いスタートを切ることができ、そのまま勝ち続けて16連勝と好調を維持しながら白星を増やしていきました。しかし、私個人は、なかなか調子が上がりません。レギュラーシーズン中は、それほど〝最後のシーズン〟を意識することはなかったのですが、自分自身の出来の悪さから、さすがにシーズン終盤からは、「最後なのに、本当にこのパフォーマンスでいいのか?」と、自分に問いかけるようになりました。

Wリーグは半年以上にわたる長いシーズンを戦います。ここで少し、私の基本的なシーズンの過ごし方について触れてみましょう。

開幕を迎え、シーズンが始まると基本は土曜日と日曜日が試合になります。富士通では、週末の試合を終えると翌日の月曜日は午前中にみんなで体育館に集まり、「アクティブレスト」を行います。有酸素運動やヨガなどストレッチ系の運動をしたり、しっかり動いて息をあげたりと、その内容は、週末の試合の出場時間によって選手個々で少し異なります。

それを終えて、月曜日の午後と火曜日がオフ。そして水曜日からまたチーム練習を行い、移動がある日は金曜日に試合会場のある地域に飛行機や新幹線、バスなどで移動。これがシーズン中の主なスケジュールです。

私は、月曜日はアクティブレストのあとに、富士通の元ストレングスコーチである北本文男さんのトレーニングジムでトレーニングとコンディショニングをしていました。そして火曜日は一日オフではありましたが、個人的に軽くランニングをしていました。

火曜日を完全に休養にあてていたときもあったのですが、そうすると水曜日の練習の入り方が難しく、体を良い状態に持っていきづらい面もありました。そこでジョグ程度のランニングを取り入れたらしっくりきたので、火曜日はランニングをするようにしました。もちろん、体の状態をみて走ったり走らなかったりとまちまちではありましたが、最後のシーズンだけは、毎週走っていました。

体のケアでいうと、入団当初から体幹に重点を置き、全体練習のあとに体幹トレーニングを意識的にやっていました。これはシーズン中だけではありません。私やルイは、試合中に〝転ぶ〟イメージがないと思うのですが、これは体幹トレーニングのたまものではないかと思います。体幹に限らず、全体練習後も体育館に残って、何かしらのトレーニングや個人練習を行うことを欠かしたことはありませんでした。

また、栄養面の話をすると、シーズン中の食事は、朝は自宅。昼と夜は寮で選手みんなで食べるため、栄養面が考えられた食事が摂れます。ですから、朝食だけは、栄養バランスを自分で考えながらつくっていました。とはいえ、手の込んだ朝食を毎日つくれるわけではないので、サラダのほかに卵や魚を焼いて、白米もしっかりと食べるといった程度のものです。タンパク質を摂るにはこの食材にしようといったように、自分なりに栄養素には気を使っていました。

参考になったのは母親の料理です。高校時代に一緒に栄養講習を受ける機会があり、母がその講習を参考にして栄養バランスが良い朝食を毎日つくってくれていたからです。私がつくるときは、それをまねていました。

食事の量でいうと、寮で出される食事はとても多いです。たくさん食べることも大事なことではあるのですが、私は寮で暮らしていたときに体重が増えてしまったため、寮を出てからの数シーズンは、朝食で量を調整していました。

個人的には体の細かい変化にも気づくので、試合会場への移動などもあって練習が半日のみの金曜日は、食事量を調整していました。そうしないと土曜日の朝、体が重くなってしまうからです。年齢を重ねると自分の感覚で分かるところもあり、主食はきちんと食べながら、補食の有無や量でコントロールしていました。トレーニングも体のケアも栄養も、基本は同じことの繰り返しです。もちろん、できる限り質は高く、自分に合った繰り返しを行うことが大事です。

験担《げんかつ》ぎのルーティン

遠征での移動時はタブレット端末を使って映画やドラマを見ていましたが、バスケットボールとは全く関係のないものが多かったです。映画を見ながら寝落ちしていたことも多々ありますし、数独（パズルゲーム）をやるのも楽しかったです。私はパズル系ゲームが好きなので、バスで移動しているときなどは目的地に到着するギリギリまでやっていました。「これは明日の試合前までにクリアする」と自分にノルマを課すのです。ですから、早いうちにクリアできたときは、新しいゲームは始めず、そこで止めていました。

それには、験担ぎの意味もあったと思います。移動中に聞く音楽も、最初のうちは流行りの曲を聴きますが、試合会場が近くなってきたら、絶対に決まった洋楽に変えていました。そうして気持ちを上げていく。それも小さな験担ぎでした。

もう一ついえば、試合当日の朝には絶対にチョコレートを食べました。特に明治の『ｇａｌｂｏ（ガルボ）』のイチゴ味が好きで、大体一つ、たまに二つ食べるのがルーティンでした。例えば遠征先でホテル近くのコンビニにガルボのイチゴ味が売っていなかったら、違うイチゴ味のチョコを買っていました。これを始めたキッカケは覚えていないのですが、きっとイチゴ味のガルボを食べた試合で良いことがあったからだと思います。ですから、例えばチョコを調達できず食べられないときは、少しソワソワする程度。そこまで気にはしませんでした。チョコは宿泊先から試合会場までの移動の間に食べるのですが、たまに食べ忘れると、体育館に入る直前に慌てて口に入れていました。試合会場に入ったら、絶対に食べないと決めていたからです。私のルーティンや験担ぎは人に迷惑をかけることなく、自分自身で完結するものばかりでした。

遠征先では、その日に行われた試合の映像を必ず夜に見ました。チームでのミーティングももちろんありますし、体のケアをする時間も必要です。細かい体のメンテナンスについてはトレーナーの方たちに任せていたので、私はのんびりお風呂に入ったあとにストレッチをしていました。これも体の状態次第で、疲労具合を見ながら、長い時間ストレッチをするときもあれば、簡単に終わらせるときもありました。

そして遠征先で日課となっていたのが試合当日の朝のランニングです。入団した頃にストレングスコーチから教わったことで、朝起きて朝食の前に少しだけ走り、ストレッチや体操なども行っていました。富士通に入った一年目から引退するまでずっと続けていて、これをやると体の調子もいいんです。ですから、強い雨の日は、ランニングができず困りました。とりあえず、走れそうな屋根のある場所を探して走ったり、屋根がなければ傘をさしながら散歩したりするときもありました。

一度、朝早くにファンの方にそんな姿を見られていたようで、後に「あのときいましたよね?」と言われたことがあります。とても早い時間だったので、その方も早朝散歩をされていたのでしょうか。決まったルーティンを行っていると、ちょっとした出来事に遭遇することもありました。

高校や大学でもそうでしたが、私は体を動かすことでコンディションを維持しないと試合に入ることができませんでした。気持ち的に怖くなるからです。テーブスヘッドコーチは若手選手が自主練習をしている分には何も言わなかったのですが、私やルイが全体練習以外でたくさん体を動かしているときは心配して注意してくれました。

でも、自分の体は自分が一番分かるので、私の中では無理のない程度に個人練習をやってきたつもりです。体を動かすことでコンディションを維持し続けるのも、ある意味ルーティンの一つかもしれません。

悔いなしの戦いだったプレーオフ

再び話をラストシーズンに戻します。レギュラーシーズンでは、私は調子が上がらず、納得のいくプレーができずにいました。そのため悶々《もんもん》としていたのですが、プレーオフを前に、「このままだと後悔するのではないか」という思いを強くしました。引退をするのに、長い選手生活の終わり方がこれでいいのかと思ったのです。そうしたレギュラーシーズンでの不甲斐なさから、少し遅くはなりましたが、スイッチを入れ直してプレーオフに臨みました。

富士通は、プレーオフではセミクォーターファイナルからの出場で、対戦相手は日立ハイテククーガーズ（日立ハイテク）でした。レギュラーシーズンでの対戦は二戦とも勝利しているものの接戦を強いられた相手で、一戦先勝の一発勝負だったセミクォーターファイナルでは非常に緊張感がありました。ここで負けたら選手生活が終わってしまうと思うと、気合は十分でした。

試合は出だしからリードを奪い、87－71で勝利。プレーオフ最初の試合ということで特に気にしていたのか、日立ハイテク戦と比べると、次のクォーターファイナルのトヨタ紡織サンシャインラビッツ（トヨタ紡織）戦のほうが記憶は薄いです。しかし、トヨタ紡織も勢いに乗らせてはいけないチームですから、もちろん、油断はできませんでした。とにかく二日連続で行われたセミクォーターとクォーターファイナルで確実に勝つことができ、ホッと安心しました。

そして翌週はＥＮＥＯＳサンフラワーズ（ＥＮＥＯＳ）とのセミファイナル。ＥＮＥＯＳとは、レギュラーシーズン終盤に対戦して一勝一敗と五分でしたが、プレーオフに入るとギアが上がり、ガラッと戦い方が変わるチームなので心して臨みました。少しも気を抜くことはできないし、相手が何を仕掛けてくるかも分かりません。ただ、こちらとしては相手がどこであろうとやることは大きく変わらないという気持ちで挑みました。二戦先勝方式のセミファイナルで、やるべきことをやりとおして二連勝。ファイナルへとコマを進めました。

入団一、二年目のファイナルではＥＮＥＯＳに敗れていましたし、先をいくＥＮＥＯＳに勝てたことはうれしかったのですが、このときは、レア（岡本彩也花）と日本代表のシューターであるキキ（林咲希）がケガのために不出場でした。個人的には二人がいた状態で対戦したかったなという思いはありました。

そして6シーズンぶりのファイナルは、前のシーズンで優勝を果たしたトヨタ自動車アンテロープス（トヨタ自動車）との対戦でした。レギュラーシーズンでは、新型コロナウイルス感染症の影響でトヨタ自動車との試合は中止。皇后杯での対戦はありましたが、Wリーグではファイナルが初対戦でした。トヨタ自動車は優勝候補の一つでしたが、自分たちのプレーができれば勝てない相手ではないと思っていました。

ファイナルは国立代々木競技場第一体育館で行われ、7000人を超える観客が集まりました。その数の多さに驚きましたが、私個人としては観客の多さに緊張することはありませんでした。

むしろ、ファイナルの舞台に立つということ自体にすごく緊張して……。前日の夜も緊張から眠ることができませんでした。考えないようにしようと思うのですが、プラス面、マイナス面を勝手に想像してしまい、心はドキドキしていました。

私自身、Wリーグ一年目は毎試合緊張していたのですが、慣れてくると緊張もなくなり、後半の数シーズンは、どうやって自分自身を緊張させようかと苦心していたほどでした。

緊張がないまま試合に入ってしまうとメリハリがつけられず、何となく試合をこなしてしまう感じになるので、ほどよい緊張は必要です。レギュラーシーズンでは少し力の差があるチームとの対戦もあります。そういったときは勝てるのではないかという慢心が出てしまいます。ですから、自分に何かを課すことによってどんなときも自分自身を緊張させていました。

ところが、ラストシーズンのファイナルは、一年目のときのような緊張の仕方でした。試合の当日は昼寝をするのですが、横になっていると心臓がバクバクしている音が聞こえます。ファイナルのことばかりが気になってしまい、寝られません。とりあえず目だけはつぶろうと思っても全く意味がなく、最後はあきらめて起きていました。

そんな緊張をもって挑んだトヨタ自動車とのファイナルは、残念ながら二連敗で、優勝には届きませんでした。バスケットボールは流れのスポーツといわれますが、一戦目は前半を勝っていただけに余計に悔やまれます。〝たられば〟ではありますが、初戦をものにしていれば、二戦先勝方式のファイナルの展開が変わったかもしれないと思います。

二戦目の試合終了のブザーが鳴った瞬間は、率直に「終わったな」という思いが出てきました。このとき、それ以外の感情は湧いてきませんでした。いつもなら、「負けて悔しい、よし来シーズンこそは」と自然に思うのですが、「勝ちたか

©Wリーグ

6シーズンぶりのファイナルは流れを引きよせられずに、もう一歩のところで涙をのんだ

ったな、悔しいな」という思いはあったものの、次への意欲はありませんでした。そのことに自分自身で気づいたときに、本当に終わりなのだと実感しました。悔いのない戦いはできたと思います。優勝して有終の美を飾れれば美しかったとは思いますが、準優勝もまた私らしくていいのかなと、今は思っています。

6シーズンぶりに準優勝となった2021-22シーズンを振り返ると、誰が試合に出ても、富士通のスタイルを崩すことなくプレーできていたことが、好成績につながったのではないかと思います。

私の代わりに出ていたセイ（岡田英里）は、遜色ないどころか、むしろいい流れをつくっていました。ほかのポジションも同じで、バックアップメンバーの存在はとても大きかったです。そこには、アースやニニ（中村優花《ゆにか》）たちが移籍で加入したことが影響していると私は感じています。ただ単に選手層が厚くなったのではなく、練習時からチーム内の競争が激しくなっていたからです。

アースのような大物選手が移籍で加入したとなると、ほかの選手たちは自分の出番を確保するためにも負けていられません。そういった気持ちや姿勢がこれまで以上に練習で見られた気がしました。中でもリツは、アースとほぼ同じポジションを担っていたため、練習の中でバトルを繰り広げていました。

さらに、当時ルーキーだったヨウ（赤木里帆）、イブ（奥伊吹）、ユウ（渡邊悠）の3人が面白く、ルイに対しても練習時からガンガン勝負していました。ルイほどの選手には向かって行きづらいと思うのですが、あの子たちはお構いなしで食らいついていっていたので、私は「おお、やるじゃん」と思って見ていました。

3x3日本代表合宿前のオフシーズンに富士通の体育館で練習していると、彼女たち3人も練習していて、「シィさん、一対一しましょうよ」と声をかけてくれました。その一対一で私が負けると本当にうれしそうに「やったー」と喜んでいました。私は内心悔しくもあったのですが、かわいいなとも思っていました。

ヨウたちは、Wリーグの公式サイト内の新人紹介で、目標の選手に私の名前を挙げてくれているみたいです。私はあまりそういう情報をネットで見るほうではなく、気づいていなかったのですが、周りの人が教えてくれて知りました。あの3人は、私が自主練習をしていると、「一緒にいいですか?」と来るタイプで、まねをしたい、学びたいという姿勢を強く感じていました。ですから、自分の持っているものしか教えてあげられませんが、何か質問されたらいろいろと伝えていきたいと思っていました。ユウは引退をしましたが、ヨウもイブもこれからの選手なので、頑張ってほしいと思っています。

人より少し勝る〝自分を追い込む力〟

自分自身、篠崎澪という選手は感覚派のプレーヤーだと分析しています。練習ではいきなりパッとできるときもあれば、なかなかできないときもありました。相手ディフェンスの裏をかくプレーなどは、感覚や習慣で身につけたものが無意識に出ることが多かったとも感じています。

見ている方たちは「バスケットＩＱが高い」と言ってくださるのですが、私はそう思っていません。例えば試合でも戦況を読む、先の先を考えるといったことはあまり得意ではありませんでした。でも、〝自分がやることを考える力〟はあったのではないかと感じています。それは例えば、点を取るためにどうやったら相手を抜けるか、このときはこういうステップを使うほうがいいのではないかといったことです。

８シーズンを戦えた理由をよく聞かれますが、改めて振り返ると、人より少し勝っていたものは、〝自分を追い込む力〟だったのではないかと思います。なぜあそこまで疲れていたのに毎日走りに行ったのか、自分でも不思議ですが、自分に負けることが嫌だったのだと思います。最終的には自分に負けたくない、負けるとモヤモヤする、それが嫌で続けていました。バスケットボール以外で継続できたものは特にないので、バスケットボールにだけは負けず嫌いの性格がすごく発揮されたのだと思います。

継続することは苦ではないですし、逆にやらないと落ち着かず、やらないことのほうが怖かったのです。夕飯のあとに走ることがおっくうな日もあるのですが、最後は「これを走らないと」という思いが勝ります。もちろん、もともとは一時間のところを30分だけ走ろうと妥協点を見つけることはありましたし、年齢的にも最後のほうは目標設定値を「人より上回る」にすると体力的に厳しかったので、「ここまでをやろう」という具体的な数字を出すやり方には変えていました。

人よりやればいいというわけではないのですが、高校時代も星澤純一先生から人と同じはダメだと言われていましたし、そういう気持ちが大事だと思ってきました。人よりやらないと人と違ったことはできないし、うまくもならないと、そう思ってやっていくうちに、私と同じぐらいか上のレベルの人がいたら、その人よりもやらないと勝てないという意識になっていったのだと思います。

前にも触れたように、私は努力家、ストイックな選手といわれることが多いのですが、私にとっては当たり前のことなのです。そうやって小学生の頃からバスケットボールに取り組んできました。結果を出すための〝過程〟では、絶対に手を抜かないようにしていました。結果がすべてという考え方もありますが、私自身は引退するまで〝過程〟を大事にしていました。

しかし、完璧な人間ではないので、妥協することもあって、自分に厳しいようで甘いところもあります。これまで幾度、妥協してきたことでしょう。どうしてあそこでもう少し頑張らなかったのだろうと思うことは今でもたくさんあります。

体の面で見れば、食事による栄養摂取やトレーニングにしっかりと取り組み、大ケガをしない体づくりができたことが8シーズンのプレーにつながりました。そしてプレーでは、ルイとの連係が年々良くなっていき、そこを磨くことができたのは大きな武器となりました。

また、個人のプレーでいえば、自分のプレースタイルを変えずにできたことも大きかったです。歳を重ね、体が動かなくなっていく中でプレースタイルを変える選手もいますが、私にはそういう器用さはないので、最後まで同じプレースタイルでした。そこを貫けたことに関しては、自分自身を評価したいと思います。

練習の虫である私も、性格的には、うまくいかないことがあると引きずるタイプでした。富士通に入ってからも、夜に一人部屋で泣いていたことも多く、考えれば考えるほどどうすればいいか分からなくなっていました。そんな性格ですから、プレーに関しては一度悪くなると落ちるところまで落ちます。そして落ちるところまで落ちてからようやく吹っ切れる、そんなことの繰り返しでした。いわゆるスランプというものに一度陥ってしまうと、なかなか抜け出せないのです。それは引退するまで克服することができませんでしたし、そういうときは他人にも弱みを見せたくないため、周りが心配して声をかけてくれても「大丈夫」と答えていました。ですから、シーズン中も30点取ったと思えば、翌日は0点といったように好不調の波が大きい選手でした。この点に関しては、チームのみんなに迷惑をかけたことを謝りたいです（笑）。

そんな私ですから、アドバイスできるようなスランプ克服法はありませんが、スランプの時期は気を紛らわせるために、ひたすら何かをしていました。何もしないと考え過ぎてしまいますが、何かをやっていれば頭がスッキリし、何かをやったという満足感が得られるからです。ずっと走るなど、人よりプラスアルファのことをしようという気持ちは、スランプのときこそ持ち続けるようにしていました。

町田瑠唯のすごさ

『ルイシィ』

瑠唯はコートネームも『ルイ』なので、彼女と私のコートネームを合わせて、たくさんの方々にこう呼ばれました。最高のコンビといった声もSNSを通してたくさん目にしましたし、そう呼ばれることが本当にうれしかったです。

ルイとは、最後のシーズンも含め、キャリアの終盤では絶妙なところの〝合わせ〟までできるようになったと感じています。けれども、そこに至るまでの過程はたやすいものではなく、練習でも試合でも何回もエラーを繰り返してきました。そのたびにコミュニケーションを取りながら修正して、二人の〝合わせのプレー〟が確立されていったのだと思います。

エラーが起きるたびに、「今のはテンポが早かったよね」とか、「逆に今のは遅かったよね」と修正していきました。たとえ通ったパスでも「もうワンテンポ早いほうがよりいいかな」と細かいところまで話をしました。バスケットボールのことはたくさん話しました。特にウィルとリーが引退して抜けたあとの2020－21シーズンからは、テーブスヘッドコーチのバスケットボールを第一線でやってきた選手が減ったので、経験のある私たちがどう引っ張っていくかという話も増えていきました。富士通のプレーでは、絶対に私たちの合わせのプレーが必要不可欠になるため、その本数を減らさないようにすることも大事だね、という話をよくしました。

私はカッティングのプレーをよくしますが、その動きに対し、以前はルイだけでなく、ウィルやリーもパスを出してくれました。その二人が引退したことで、私がボールをほしいタイミングを熟知しているのが、ルイだけになってしまったことも、ルイから私へのアシストが増えた要因かもしれません。数年前までは、とり立てて私たち二人の〝ホットライン〟と言われることも少なかったので、ホットラインという自覚はあまりありませんでした。もちろん、要所、要所で、いつも良いパスをくれるし、良い合わせも昔からありました。私へのパスは絶妙なタイミングが求められるので、パス役がルイに集中したことで私たちの合わせが目立ち、ホットラインと言われるようになった気がします。あそこまでの合わせは年月を重ねないことにはできないプレーだったと思うので、8シーズン一緒にやってきた積み重ねがすべてだと思います。

ルイとのプレーは本当に楽しかったです。プレーしていると、選手はいろいろと開拓したくなるもの。あのパスが通ったから、今度はああやってみたらどうなるんだろうなどと思って別の動きをするわけです。そうやってパスを受ける側もいろいろと考えて動いたときに、「さすがにこれは無理かな」と思いながら動いたにもかかわらず、全部ジャストのパスが来ることが楽しくて、楽しくて。パスは来ないだろうと思って走ったところにボールが飛んで来ると、本気で驚きましたし、たまに笑ってしまいました。「え⁉　ここにも来るの？」と。

ルイは私の一つ年下ですが、高校卒業後に入団したので、私のほうが3年遅れて富士通に入りました。そのときからすごくうまいポイントガードでしたし、あそこまですごいアシストを出せる選手はなかなかいません。また、あそこまでアシストに徹することができる司令塔もいないと思います。

ルイとは同じチームで一緒にプレーする時間も長く、「これはすごいな」と早い段階から思いました。

私は、彼女のようなポイントガードと一緒にプレーができて、本当にラッキーでした。現役選手のみんなはぜひ一度、一緒にプレーしてほしいと思う司令塔です。女子日本代表チームの中では、ヒマ（赤穂ひまわり）が合わせの動きが私と近いなと感じていて、ルイ→ヒマのホットラインを見るとスッキリします。あとは、なな子（東藤）も私の動きと近いような気がします。二人のプレーを見るのは大好きですね。

余計な言葉はいらない二人の間柄

コート上であれだけ息の合ったプレーを見せていた私たちですから、さぞかしコート外でも仲が良いのだろうと思われるでしょうが、実は一緒にご飯を食べたり遊びに行ったりすることはほとんどありませんでした。もともと私はチームメートとはあまり遊ばないタイプで、リツのような大学からの後輩は、誘ってくれるので遊んでいるといった感じです。大学からのつながりもあって、チームについての話はリツが一番話しやすかったかもしれません。

では、ルイはというと、たまたま二人になるタイミングがあれば、「ご飯に行こうか」となるぐらいで、前もって予定を立ててまで一緒に出かけることはありませんでした。プレーを見てもらえれば分かるとおり、仲が悪いわけではありませんよ（笑）。

近すぎず遠すぎずの間柄だったように感じます。二人に余計な言葉はいらないんです。バスケットボールに関しては似た考え方を持っていたので、それが良い距離感だったのかもしれないですね。近すぎるとほかの雑音も入ってくるだろうし、遠すぎるとやりづらいですから。だから、普段から一緒に行動していたわけではないのですが、バスケットボールに関しては向いている方向も足並みもそろっていました。

また、ルイにはそれ以外でも特別だなと思うところがあります。うまく説明できないのですが、ほかの人とは何か違う感覚があったのです。あそこまで信頼できたチームメートはいなかったのではないかと思います。彼女がＷＮＢＡへ行くと聞いたときも本当にうれしかったし、ルイが東京オリンピック前に苦しんでいたときも気になって携帯でメッセージを送っていました。時々にそういったやりとりはしていました。私がOQTに勝って東京オリンピックの出場権を獲得したときには、逆にメッセージをもらいました。富士通での一年目を終えたオフの期間に私がユニバーシアードの日本代表になり、良い成績を残したときも、まだ一年しか一緒にプレーしていなかったのに、「早く一緒にプレーしたい」とルイからメッセージをもらいました。東京オリンピックのとき、先に3x3の私たちの試合があって、最終的に準々決勝で負けたときも「お疲れ様、次は私たちが頑張る」とメッセージをくれました。その後、女子バスケットボール日本代表が、ルイが、銀メダルを取ったときは本当にうれしかったです。

今ここではすべてを思い出せないぐらい、そうやって互いの節目、節目で大事なやりとりをしていて、日頃から信頼関係を築いてきました。私はこういったメ

©Fujitsu

多くのファンを魅了し続けた『ルイシィ』。
二人の間に余計な言葉は必要なかった

ッセージをあまり自分から送る性格ではないですが、ルイにだけは自分から送ろうと思っていましたし、チームメートの中で一番応援できた、信頼していた人でした。

私が入団して3年ぐらい経ったとき、ルイは、その年に入団したルーキーに「シィさんと一回、ご飯行くといいよ。私とすごく考えが似ているから」と言っていたらしいのです。ルイも私との会話でしっくりきていたのでしょうか、本当のところはどうか分からないですが。それを人づてに聞いて、やっぱり考え方は同じなんだと思ったことはありました。話している感じも心地良かったんです。だから、ルイには本音を言ってきました。

大学のときにWリーグ所属の5チームから声をかけていただき、考えた末に富士通を選びましたが、その選択は正しかったと思います。プレースタイルが私に合っていたこともありますし、実際にテーブスヘッドコーチが一年目から使ってくれたことにも感謝しています。

たまに、あのとき富士通に行かずほかのチームに行っていたらどんなバスケットボール人生だったかなと考えることがあります。富士通に行かなかったら、あれだけすばらしいポイントガードには出会えなかったでしょう。心の底から、富士通を選んで良かったと思っています。

FUJITSU
11

©Fujitsu

©Fujitsu

11
KAWASAKI CITY

©Fujitsu

Denka
LOVED
W LEAGUE
Red Wave

第5章

感謝してもしきれない、私を支えてくれた人たち

©加藤誠夫（Yoshio Kato Photography）

幾度となく訪れたバスケットボール人生の分岐点

私のバスケットボール人生を振り返ると、幾度となくターニングポイントがありました。最初は小学5年生のときに小畑《おばた》亜章子《あきこ》さんと出会ったことです。このタイミングで出会わなければ、バスケットボールでトップを目指し、また30歳に至るまでバスケットボールを続けていたかは分かりません。何か違う夢を抱き、違う道を歩んだ可能性だってあるわけです。身近にすばらしいＯＧがいて、その人に出会えたことは運命的だったと感じています。

また、中学校で田原裕先生に指導していただいたことも大きく、以降、私のバスケットボール人生は本当に指導者に恵まれていました。金沢総合高校（神奈川県）への進学はもちろんです。バスケットボールのプレーから生活面まで、あらゆる面で成長することができました。言葉や行動の一つひとつの意味を深く考え、さらに理解するようになったのは高校からだったと思います。そして高校から大学へ進学したことも分岐点ではありました。大学の4年間は、選手としてだけでなく、社会人になるために人として必要なことを学びました。

何度も繰り返すようですが、各カテゴリーでバスケットボール選手としての成長だけでなく、人としても大きく育ててもらったと感じています。

ターニングポイントとしては、富士通レッドウェーブ（富士通）に入ってからも大きく二度ありました。一度目はリオデジャネイロオリンピックのメンバー入りを逃したときです。私のバスケットボール人生の中で一番ショッキングなことでした。同時に、それまでは順調にバスケットボール人生を歩んでいたのも事実で、落選という出来事が「もっと頑張らないといけない」と改めて思うキッカケにもなりました。

二度目は、2019年から3x3の日本代表に呼んでいただいたことが大きな契機となりました。5人制から3x3への区切りになったタイミングともいえるし、そこからオリンピック出場を再び目指し、最後はそのステージで、テレビを通して多くの人に自分のプレーを披露することができました。

このように大きなターニングポイントだけでも二つあります。そして変化があるたびに、私のことを心配して、ときには私のグチを聞くなど、応援してくれたのが家族でした。

私の性格を一番理解している母

高校の体育教師をしている父と母は、学生時代には二人ともに陸上競技をしていたそうで、父はインターハイにも出場したことがありました。私が小さいときには、休みの日によく走りに行っていて、それは父がフルマラソンに出場するための準備だったり、ときにはダイエットのためだったりしたそうです。

そんなときは私たち姉妹も父について行き、一緒に遊んでいました。私がまだ小さくて走ることがままならなかった頃は、小さい子どもが乗るおもちゃの車に乗せられて、その車と父の体とを紐でつなげて、走る父に引っ張ってもらいました。私が走れるようになってからは、父と姉たちと一緒にランニングをしました。

そんな幼少期でしたから、ほかの子どもたちより走る機会は多かったと思います。もしかしたら私の基礎体力は子どものときについたのかもしれません。物心がついたときには長距離を走るのが好きだったし、得意としていました。それに、父が〝フルマラソンで目標タイムを切る〟ために走る練習をする様子を見てきたことも、姉や私に、少なからず影響を与えたと思います。

今思えば、小さい頃から走ってきた蓄積がその後の私のスタミナにつながったのかなとも感じます。それぐらい走ることが好きでした。バスケットボールでは、

〝走ることが私の生きる道〟だと思っていたほどです。小さいときの経験が大人になっても生きていたのでしょう。

スタミナに関していえば、〝無尽蔵、無限のスタミナ〟とファンの方やメディア、関係者の方たちからいわれました。私自身はそこまでの自覚はないのですが、〝体力があれば大抵のことはできる〟と大学生の頃から思っていました。周りが疲れている中で自分だけ体力があれば、その人たちよりも多く走れるし、相手を出し抜くこともできる。だから、持久力をつけることを目指し、体力そのものを重要視していました。そもそも私のプレースタイルは、体力がなければ成り立たなかったものだったと思います。

父との思い出に話を戻すと、大学時代に練習が終わったあと、父の勤務している学校でシューティングにつきあってもらったことも忘れられません。父は勤務後にもかかわらず、毎回リバウンドを取ってくれました。シュートの調子が悪いときは、「もうやめる！」とイライラして父に当たることもありましたが、父は嫌な顔一つせず、「そのうち入るようになるよ」と言って、私の気が済むまでつきあってくれました。高校時代に私が、「お母さんと一緒に高校の近くに住みたい」と言ったときも、父は「頑張っておいで」と、快く送り出してくれました。あのとき私のわがままを聞いてくれた父には頭が上がりません。

そして二人の姉は、私をバスケットボールの世界に導いてくれた人たちです。姉たちがいなければ今の私はいません。姉の背中を見て、追いつこうと必死に頑張った日々が土台となっています。何事にも努力を惜しまない姉たちの姿は、自然と、私に努力することの大切さを教えてくれました。

私はよく、「長女っぽい」といわれるのですが、全く違います。プレーしている姿だけを見ているとしっかりしているように見えるようですが、そんなことはありません。

甘えん坊のところもあるし、感情を表に出すようなところもありました。今となっては反省しきりなのですが、中学時代から、コーチに怒られたときそれが納得いかないことであれば、反抗的な態度も取ってきました。母親が何かバスケットボールのことで意見をしてきたら、「うるさい！」と言い返したこともあります。典型的な3女、というか末っ子でした（笑）。

そんな私の性格を誰よりも理解してくれた母には、本当に感謝しかありません。高校時代には、私の目標の達成のために二人暮らしをし、練習にもつきあってくれました。二年間を二人きりで過ごして、一緒にいる時間が長かったからかもしれませんが、母は友だちのような存在で、今でも何か出来事があれば、思っていることをすべて話します。

プライドが邪魔をするせいか、私は自分で自分の話をすることが苦手で、チームメートにもあまり話すことができないタイプです。しかし、母親だと気にせず

「両親には感謝しかありません」。篠崎家の3女として神奈川県川崎市に生まれた著者（前列左）は、ともに体育教師だった両親の愛情を受けて大きく成長した

話ができるので、昔から一番の相談相手でした。高校になるとバスケットボールもそれまで以上に専門的になるため、中学までは意見を言っていた母も、高校の頃からは聞き役に徹してくれました。バスケットボール未経験者の母は、私の話をまずは否定せずに聞いてくれて、そのあとで、母なりの考えで「ああしてみたら、こうしてみたら」というアドバイスをくれました。

私は溜《た》め込むタイプの人間で、いろいろ考えたことを溜めて、あるとき一気に発散するということがあるのですが、そんなときの発散相手も母です。もう、感謝という言葉だけでは足りないぐらい支えてもらいました。

ゆっくり流れる時間の中で、夫婦生活を楽しんでいる

そしてもう一人、いろいろと話を聞いてもらったのが夫です。

以前からリツ（内野知香英《ちかえ》）の知り合いだったサッカー選手の彼と、3人で一緒に食事をすることになったのが出会いのキッカケでした。

大勢でいるときの食事会などでは中心になって話をすることのない私ですが、そのときは3人だったので、かなり饒舌《じょうぜつ》になっていました。そして、お互いの競技の話になったとき、彼のサッカーへの向き合い方が私のバスケットボールへの向き合い方と似ていると感じました。二人ともトレーニング好きでどちらかといえばストイックなところも似ていて、そういったことでも意気投合しました。その後、おつきあいをしていくうちに、自然と結婚の話が出て、ラストシーズンの頃には結婚することを決め、シーズン中ではありましたが籍を入れることになりました。

同世代で、団体競技をしているというところも共通だったため、チームのことやバスケットボールのこともすごく話がしやすかったのです。

考え方も似ているので、相手の意見を聞いて、自分の考えと答え合わせをしているようなところもありました。

母も私の話をたくさん聞いてくれますが、夫は母とはまた違う立場で聞いてくれる存在です。母は陸上をやっていましたが、個人競技ですし、時代背景も私の頃とは異なります。彼は私と同じ時代に育った人で、プロスポーツの世界に身を置いています。私はプロではありませんが、日本の女子では最高峰のリーグで戦っていたので立場は同じです。そういった人に悩みを聞いてもらったり、アドバイスをもらったりすることはプラスとなりました。さらに、彼がサッカーを頑張っている姿を見ると、ここでも私の負けず嫌いが発動し、自分も頑張らないといけないと触発されていました。

私は基本が負けず嫌いなので、夫婦喧嘩でも負けません（笑）。思ったことはストレートに言ってしまいます。一方、彼は穏やかな性格なので、そんなときでも怒ることはなく、いい意味で妥協してくれます。

冒頭でも触れたように、ここ八戸では、本当にゆっくり流れる時間の中に身を置いて日々を暮らしています。娯楽といった点では、川崎や横浜と比べれば少ないですが、退屈することなく過ごすことができているのは、夫婦生活を楽しむことができているからなのかもしれません。

プレーヤーとしての気持ちも十分に分かりますし、アスリートとして常に全力を注いでいる彼を、今後も支えていくことができればと思っています。

富士通、そして篠崎澪への応援に感謝

私にとってのラストシーズンは、東京オリンピック効果もあり、本当に多くの方に会場に足を運んでいただきました。それこそ富士通の試合は常に満席に近い

状態でした。これは〝ルイ効果〟だとは思うのですが……（笑）。

ただ、女子バスケットボールに興味を持つ入り口はルイ（町田瑠唯）だったとしても、そこから富士通というチームを好きになったり、私のことを気にかけてくださる方も多くなり、本当にうれしかったです。私の名前が入ったTシャツやタオル、ユニフォームを着たり持ったりしているファンの方が増えたと感じていましたし、試合会場でも私の名前や番号はすぐに目に飛び込んできました。ファンの方々の応援は間違いなく私のモチベーションを上げてくれるものでした。中には、私が入団した一年目からずっと応援してくれた方々もいました。

コロナ禍の前は、ファンの方との交流もあり、そんなときに「シィさんのおかげで頑張ることができます」と言われると、こっちが「もっと頑張ろう」と元気をもらっていました。ファンの方の支えは私にとって、とても大きなパワーになっていました。

今回、結婚の報告が遅くなってしまったのは、発表のタイミングによっては、結婚のために引退すると思われてしまうことを避けたかったからです。私の中で、そこは全く別物だったので、どのタイミングで報告しようかと悩んでいるうちに妊娠したため、まとめて報告することになった次第です。今でも私のことを気にかけてくださるファンの方たちになかなか近況を伝えることができず、申し訳ない思いでいっぱいです。同時に、改めてここで、お礼を言わせてください。今まで応援してくださり、本当にありがとうございました。

家族、恩師、チームメート。そして普段は対戦相手ではありましたが仲良くしていただいた相手チームの選手たち、そしていつも私を応援し後押ししてくれたファンの方々の存在、どれ一つを欠いても私のバスケットボール人生は成り立ちませんでした。

引退を一年延長したことで、東京オリンピックでは画面越しでしか見てもらうことができなかった私のプレーを多くの人に直接見ていただけました。引退を延ばして良かったと思いますし、「本当に、やり切った！」と、胸を張って言いたいと思います。

今まで篠崎澪を支えてくださったすべての人々、一人ひとりに、感謝の言葉を述べたい気持ちです。そして、どこかで再びお会いできることを楽しみにしています。

©Fujitsu

家族、恩師、チームメート、対戦相手チームの選手たち、そして後押ししてくれたファンの存在——。どれ一つを欠いても著者のバスケットボール人生は成り立たなかった

おわりに

小学生のときに抱いた大きな、大きな夢を追い求めた私のバスケットボール人生。その道の途中では、幾度か夢を見失いかけたときもありました。

それでも終わってみれば、最終的な夢に向かって、道を踏み外すことなく走り続けることができたと思います。それに関しては、「よくやったね」と自分に言ってあげたいですし、夢を夢で終わらせず、夢を実現させたことでも、少しだけ自分を褒めてあげたいです。

そして、ミニバスからWリーグまで、神奈川県のチームでプレーすることができたことで、生まれ育った神奈川県にも少しは貢献できたのではないかと思っています。

夢をつかむための努力をどれだけできたのか、自分自身では評価することはできませんが、その時々で、やるべきことを遂行し、取り組んできた積み重ねが、夢に届いた要因なのではないかと思います。

家族や指導者、仲間には、間違いなく恵まれましたし、私のバスケットボール人生は、巡り合わせや運、タイミングが良かったと思っています。

今はバスケットボールから少し離れた生活をしていますが、約20年前、一人の女の子がトップ選手と触れ合ったことで大きな夢を持ったように、私もまた、どこかでバスケットボールを頑張る子どもたちを後押しできればと思っています。

現役選手としての挑戦は終えましたが、私を育んでくれた神奈川県、そして日本のバスケットボール界に、また違った形で必ず恩返しをしたいと思っています。

読者のみなさんには、負けず嫌いで練習好きな一人の女子選手の足跡を、ここまで一緒に辿っていただきました。まずは、ありがとうございますとお礼を述べたいと思います。そして、この本を読んでくださった方々が、ほんの少しでも何かの刺激や頑張る力を受け取ってくださったのならば、私にとって、こんなにうれしいことはありません。

最後まで読んでいただきありがとうございました。

2023年5月

篠崎 澪

約20年前、一人の女の子が
トップ選手と触れ合ったことで
大きな夢を持ったように、
私もまた、どこかで
バスケットボールを頑張る子どもたちを
後押しできればと思っています。

2P%	3P%	FT%	OFF	DEF	RPG	APG	BPG	PPG
52.19	33.70	74.07	0.87	3.63	4.50	1.50	0.17	11.70
54.55	41.67	0.00	1.50	3.50	5.00	1.00	0.50	13.50
30.77	0.00	66.67	1.00	4.00	5.00	1.00	0.00	6.67
55.50	34.33	80.00	1.33	4.00	5.33	1.79	0.12	12.71
50.00	33.33	100.00	1.33	2.00	3.33	0.67	0.00	10.00
54.55	9.09	0.00	1.67	5.00	6.67	1.33	0.00	9.00
50.00	33.33	50.00	1.50	4.75	6.25	2.75	0.50	11.25
48.81	38.79	80.56	1.37	4.74	6.11	2.15	0.30	16.67
33.33	37.50	100.00	1.33	2.67	4.00	2.67	0.67	9.33
51.24	31.58	82.35	0.94	2.33	3.27	2.42	0.27	12.06
50.00	0.00	0.00	0.00	4.00	4.00	0.00	1.00	10.00
50.00	37.36	84.00	0.91	3.36	4.27	2.59	0.05	14.32
77.78	10.00	100.00	1.00	4.00	5.00	4.00	0.00	21.00
47.24	34.33	94.12	0.75	2.75	3.50	2.06	0.25	12.81
51.28	44.64	73.91	1.12	2.19	3.31	3.31	0.19	15.75
50.00	0.00	100.00	0.00	5.00	5.00	4.00	0.00	13.00
60.87	20.00	75.00	1.00	2.00	3.00	4.00	0.50	18.50
49.70	30.85	86.96	0.85	4.10	4.95	3.00	0.50	13.55
70.00	33.33	0.00	1.00	1.00	2.00	2.00	0.00	20.00
62.50	66.67	50.00	0.00	2.00	2.00	2.00	0.00	17.00
52.00	0.00	66.67	1.50	2.00	3.50	3.00	0.00	15.00
53.85	28.57	100.00	0.50	6.00	6.50	5.50	0.00	21.50
50.81	**34.09**	**81.16**	**1.04**	**3.45**	**4.49**	**2.29**	**0.23**	**13.43**

●G（出場ゲーム数）
●GS（スタメン出場ゲーム数）
●2P%（フィールドゴール成功率）
●3P%（3ポイントゴール成功率）
●FT%（フリースローゴール成功率）
●OFF（オフェンスリバウンド数）
●DEF（ディフェンスリバウンド数）
●RPG（平均リバウンド数）
●APG（平均アシスト数）
●BPG（平均ブロック数）
●PPG（平均得点数）

キャリアアベレージ

YEAR		TEAM	G	GS
14-15	Wリーグ レギュラーシーズン	富士通	30	29
	Wリーグ プレーオフ／セミファイナル	富士通	2	2
	Wリーグ プレーオフ／ファイナル	富士通	3	3
15-16	Wリーグ レギュラーシーズン	富士通	24	24
	Wリーグ プレーオフ／クォーターファイナル	富士通	3	3
	Wリーグ プレーオフ／セミファイナル	富士通	3	3
	Wリーグ プレーオフ／ファイナル	富士通	4	4
16-17	Wリーグ レギュラーシーズン	富士通	27	27
	Wリーグ プレーオフ／クォーターファイナル	富士通	3	3
17-18	Wリーグ レギュラーシーズン	富士通	33	31
	Wリーグ プレーオフ／クォーターファイナル	富士通	1	1
18-19	Wリーグ レギュラーシーズン	富士通	22	22
	Wリーグ プレーオフ／セミクォーターファイナル	富士通	1	1
19-20	Wリーグ レギュラーシーズン	富士通	16	16
20-21	Wリーグ レギュラーシーズン	富士通	16	16
	Wリーグ プレーオフ／クォーターファイナル	富士通	1	1
	Wリーグ プレーオフ／セミファイナル	富士通	2	2
21-22	Wリーグ レギュラーシーズン	富士通	20	20
	Wリーグ プレーオフ／セミクォーターファイナル	富士通	1	1
	Wリーグ プレーオフ／クォーターファイナル	富士通	1	1
	Wリーグ プレーオフ／セミファイナル	富士通	2	2
	Wリーグ プレーオフ／ファイナル	富士通	2	2
TOTAL			217	214

篠崎 澪

Mio SHINOZAKI

1991年９月12日生まれ、神奈川県出身。若葉台北小クラブでバスケットボールを始める。旭中学校時代には全中やジュニアオールスターに出場し、金沢総合高校３年時の2009年インターハイでベスト４に進出した。松蔭大学に進学するとユニバーシアード日本代表に選出され、４年時の2013年インカレではMVPと得点王をダブル受賞する活躍でチームを優勝に導く。大学卒業後の2014年に富士通レッドウェーブに加入し、14－15シーズンのルーキーオブザイヤーを受賞。2015年アジア選手権では日本代表の一員として金メダル獲得に貢献した。2019年から3x3日本代表でも活動し、2021年東京オリンピックに出場。Wリーグでは富士通一筋を貫き、21-22シーズン限りで現役を引退した。

CREDITS

特別協力

Wリーグ
富士通 レッドウェーブ

企画・構成

田島 早苗
冨久田 秀夫

デザイン

黄川田 洋志

撮影

吉田 宗彦

写真協力

加藤 誠夫
日本文化出版株式会社
GettyImages

編集

石田 英恒

努《ど》力《りょく》夢《む》元《げん》

駆《か》け抜《ぬ》けた疾風《しっぷう》

2023年5月31日　第1版第1刷発行

著　者　篠崎《しのざき》 澪《みお》

発行人　池田 哲雄

発行所　株式会社ベースボール・マガジン社
〒103-8482 東京都中央区日本橋浜町2-61-9
TIE浜町ビル
電　話　03-5643-3930（販売部）
03-5643-3885（出版部）
振替口座　00180-6-46620
https://www.bbm-japan.com/

印刷・製本　共同印刷株式会社

Printed in Japan
ISBN 978-4-583-11605-1 C0075